두 글자

점검 절제 회복

두 글자
점검 절제 회복

발 행 일   2025년 1월 17일

지 은 이   이은호
편   집   구부회
발 행 처   도서출판 담아서
주   소   경기도 시흥시 배곧3로 27-8
전   화   0505-338-2009
팩   스   0505-329-2009
등록번호   2021-000013호

ISBN 979-11-94121-07-7(93230)

독자의 의견을 기다립니다. damaserbooks@naver.com

두 글자

점검 ✦ 절제 ✦ 회복

이은호 지음

담아서

목차

눈에서 레이저가 나왔다. 나는 우리 교회에 2018년 10월에 부임
했다. 내가 우스개 소리처럼 그 당시 장로님들 눈에서 레이저가 나
왔다고 말하지만, 실제로 그랬다. 성도들 가운데도 목사를 미심쩍
은 눈초리로 보는 분들도 있었다. 어떤 사람인지, 믿을 만 한지 이
리 재고 저리 재본 것이다. 그도 그럴만한 것이, 교회는 한동안 어
려움을 겪었다. 우리 장로님들은 거의 1년 동안 생업을 뒤로하고
교회 지켜내는 일에 힘을 다 쏟았다. 나는 그분들의 심정을 다 이
해할 수 없다. 그것만으로도 칭찬 들어 마땅하다.

그러나 여러 차례 어려움을 마주 대하고 고비들을 넘다 보니, 긴
장으로 움츠려 있었다. 다른 사람을 경계하는 표정이 역력했다. 사
용하는 언어들은 강했다. 피해자 입장이 지배적이었다.

나를 아는 분들은 먼저 성도들의 상처를 싸매어 주라고 권유했
다. 그런 권유가 거의 다였다. 하지만 나는 그것 역시 우리 교회에

필요하지만, 신앙의 가장 기본적인 부분에서 균형 잡고 있는지 확인하는 일이 우선이라고 판단하였다.

신호섭 교수님이 캐나다에서 유학할 때의 일을 들려주었다. 그에게 세계적인 테니스 선수 조코 비치가 연습하는 것을 관람할 수 있는 기회가 생겼다. 관람료가 없었기에 가족들과 함께 그의 연습을 보러 갔다. 하지만 너무도 실망스러웠다는 것이다. 세계적인 선수의 탁월한 기술을 본 것이 아니라, 코치의 지도에 따라 가장 기본적인 훈련을 하고 있었기 때문이다. 코치가 조코 비치보다 테니스를 더 잘 치는 것도 아닐 텐데, 세계적인 선수가 코치의 지도에 따라 폼 연습하고 있었다. 그 모습이 충격적이었다고 하였다.

아무리 뛰어난 선수라도 중요한 대회가 있을수록 기본기를 다시 연습하고 또 연습하므로, 그것을 바탕으로 여타의 기술까지 자연스럽게 발휘할 수 있게 한다. 운동선수들이 슬럼프에 빠지면 기본기부터 다시 익힌다는 이야기를 들었다. 그것이 슬럼프를 극복하는 방법이다. 신앙의 세계 역시 이와 같다고 생각했다. 하나님

일을 한다고 하는데, 그 사이에 정작 가장 기본적이고 중요한 것을 놓치고 있지 않는지, 교회를 지킨다는 것이 오히려 폐쇄적이고 또 다른 차별을 만드는 것은 아닌지 살펴봐야만 했다.

그래서 사랑이니 충성이니 하는 것들이 우리가 알고 있는 것과 일치하는가, 아니면 잘못 알고 있는지 않은가, 또는 제대로 알고 있더라도 그 앎이 관념적이지 않은가 확인해보고자 하였다. 가령, 김영봉 목사님의 책 『설교자의 일주일』에 헨리 나우웬이 노트르담대학교에서 가르칠 때의 일화가 소개되었다.

헨리는 아침마다 그날 해야 하거나 하고 싶은 일의 목록을 가지고 학교에 가곤 했다. 하지만 어느 날은 특히나 찾아오는 학생과 교수들로 인해 계획했던 일을 다 마치지 못하였다. 계획한 일을 못했다는 실망감으로 축 처져서 교정을 걷고 있을 때, 동료 교수가 왜 그렇게 시무룩해 있냐고 물었다. 헨리는 찾아오는 사람들 때문에 계획한 일의 절반도 하지 못했기 때문이라고 하였다. 그러자 그 교수는 "헨리, 우리가 하는 일의 핵심은 방해받는 거야. 나 자신을 열어 놓고, 내가 필요한 사람들에게 내 시간을 나누어 주는 것이지. 그러니 방해받았다고 생각하지 말고, 오늘도 이만큼 일했다고 생각하면 되지 않을까?"라고 하였다. 김 목사님의 부연 설명은 이렇다. 능력이 뛰어난 것보다 자신을 열고 사람들이 자신을 사용할 수 있도록 자신을 내어 주는 것이 더 중요하다는 것이다.

이 대목에서 확 깨어나지 않는가? "아, 기독 신앙에서 말하는 진짜 능력이란 이런 것이 아닐까!"라고 말이다. 나 역시 일하는 도중, 사람이든 갑작스러운 환경에 의해서든 중단되면 방해받았다고 여기며 짜증스러워했다. 진짜 능력이란 나 자신을 내어 주도록 방해받는 것, 멋진 말이지만 사실 괴로운 일이다. 방해받아보라. 불안하고 짜증스럽기만 하다. 그래도 주님이 그처럼 요구하셨다면, 우리의 생각을 다져가며 그 원하심에 일치시켜 가야 한다.

이런 생각으로 주님과 거룩한 일치를 추구하기 위해 한 주제씩 알아가다 보니, 그 주제들이 공통적으로 두 글자였다. 성도들을 위한 것이라고 하지만, 다른 누구보다도 내가 더 많이 깨닫게 되었고 기본기를 다지는 기회가 되었다. 아무쪼록 이 내용을 읽는 독자들에게 성령의 유익만 주어지길 바랄 뿐이다. 그리고 함께 균형 잡힌 신앙으로 점점 성숙해 가길 하나님 아버지께 기도드린다.

제1장

점검

사랑

20세기 최고의 변증가였던 프란시스 쉐퍼 목사님은 획일화된, 기계적인 전도에 대해 부정적인 태도를 보였다. 그 이유는 사람은 기계가 아니라, 인격체이기 때문이다. 사람이 하나님이 만드신 참된 인격적인 존재라면, 각 개인은 똑같을 수 없는 전혀 다른 존재다. 그런 까닭에 어떤 프로그램이나 방식으로 모든 사람을 꿰맞추거나, 제품을 찍어내듯 획일화된 방식을 적용하려는 것은 논리의 비약이다. 우물물에서 숭늉을 찾는 격이라는 뜻이다. 그래서 전도든 그 무엇이든 사람을 대상으로 하는 일이 효과적으로 되기 위해서는 기도하는 가운데 주님과 성령님의 역사를 의지해야 한다. 쉐퍼 목사님은 매우 중요한 점을 말했다.

인간에 대한 우리들의 의사전달은 순수한 사랑으로 해야만 한다.

사람을 전도의 대상으로 삼으려는 성급한 마음보다, 사랑을 되찾아야 할 사람으로 여기는 것이 무엇보다 중요하다는 뜻이다. 전도하지 말라거나 어떤 활동도 필요 없다는 말이 아니다. 무엇보다 '사랑'이 앞서야 한다는 강조이다. 그래서 나는 나 자신에게 자주 묻곤 한다. "이용의 수단으로 여기는가? 사랑의 대상으로 여기는가?"라고 말이다. 에베소 교회를 향해 주님께서 주신 말씀이다.

사랑이 그분의 뜻이다.

이런 말을 들었기 때문에 에베소 교회가 형편없다는 것은 아니다. 왜냐하면 그들을 붙드시고 돌보시는 주님께서 칭찬하셨기 때문이다.

나는 네가 한 일을 잘 알고 있다. 너는 수고를 아끼지 않았고, 가다가 그만두는 법이 없었다. 나는 네가 악을 그냥 두고 보지 못하는 것과, 사도 행세를 하는 자들을 뿌리째 뽑아낸 것도 알고 있다. 나는 너의 끈기와 내 일을 위해 보여 준 네 용기를 알며, 네가 결코 나가떨어지는 법이 없다는 것도 알고 있다(2~3절, 메시지).

에베소 교회가 칭찬받았던 것은 이와 같다.

1. 그들은 수고를 아끼지 않았다.

수고는 힘에 겹도록 쓰디쓴 고생을 말한다.

2. 그들은 인내했다. 무거운 바위로 짓눌리는 것 같더라도 버티며 참아냈다.

에베소는 지역적으로 신앙생활 하기가 어려운 지역이었다. 에베소는 당시 상업과 무역과 교통, 그리고 문화의 중심지였다. 경제적인 부요가 있었으며 최신 정보를 가장 빨리 입수할 수 있는 곳이었다. 오락과 문화가 발달하여 여가를 얼마든지 즐길 수 있었다. 에베소에는 세계 7대 불가사의 중 하나인 아데미 신전 등이 있는 종교의 중심지였다. 그럼에도 주님을 위하여 소망의 인내를 피곤해하지 않았고 더욱 견고한 믿음 상태에 있었다.

3. 악한 자들을 용납하지 않았다.

악한 자는 실제로는 흉악한 이리처럼 성도들을 물어뜯는 자들이다.

4. 자칭 사도라고 하는 자들의 거짓된 것을 드러냈다.

악한 자들이나 거짓 사도들의 가르침은 "니골라 당의 행위"다. "니골라"
는 히브리어로 '발람'이다. 즉 니골라 당은 구약 성경에 나오는 모압 왕 발
락의 사주를 받았던 발람이다. 그들은 발람과 같이 우상 숭배와 음행으로
하나님의 백성을 파괴하려는 악한 무리이다. 니골라 당은 박해를 모면하
고자, 하나님을 섬기는 것과 황제 숭배를 교묘히 혼합하여 육신의 안녕을
도모하고자 하였다. 그러면서 영은 선하고 육체는 악하기 때문에 육체는
어떤 일을 하든 상관없다는 괴변을 그럴듯하게 늘어놓았다.

에베소 교회의 단단함을 보라. 악한 자나 거짓 사도의 가르침을
판단 기준도 없이, 무조건 반대한 것이 아니고 사실 여부를 시험해
서 어둠을 드러냈다는 것이다. 이들은 사도 바울과 디모데와 사도
요한을 통해 말씀을 잘 배운 참된 사도라면 어떤 사람이어야 한다
는 충분한 근거가 있었기에 거짓을 드러낼 수 있었다.

"사탄도 자기를 광명의 천사로, 사탄의 일꾼들도 자기를 의의
일꾼으로 가장"(고후 11:14~15)한다고 했는데, 에베소 교회 성도들
은 영적 분별력이 있었다. 20세기 마케팅 업계의 유명한 인사인 루
이스 체스킨이라는 사람은 "감각 전이"라는 말을 만들어냈다. 그
는 사람들이 물건을 고를 때 자신도 의식하지 못하는 사이에 제품

의 포장에서 받은 느낌이나 인상을 제품 그 자체로 여긴다고 하였다. 포장과 제품을 구별하지 않고, 포장이 곧 제품이며 제품이 곧 포장인 셈이다. 이것은 상품을 선택하는 일에만 해당하는 것이 아니다. 포장과 제품을 같게 여기는 감각 전이가 일어나듯, 영적인 것 역시 겉모습에 따라 판단하기가 쉽다.

하지만 에베소 교회는 감각 전이를 배격했다. 그뿐만이 아니다. 거짓 사도들이 참된 종이 아님을 알았다 할지라도, 교회 안에는 원하든 원치 않든 그들과 얽히고설킨 관계가 있었을 것이다. 어떤 인물이라 하더라도 사람들이 100퍼센트 좋아하거나 100퍼센트 싫어하지 않는다. 사람은 정에 약하다. 그래서 가수 조용필은 "정이란 무엇일까? 주는 것과 받는 걸까?"라고 물었다. 남북통일보다 더 어려운 것이 교회 안에서의 통일이다. 하나의 의견으로 모은다는 것은 여간 어려운 일이 아니다. 본디 사람은 다른 사람의 문제를 들춰내어 옳다 그르다, 말하는 것을 좋아하지 않는다. 웬만하면 그냥 그냥 묻고 가려는 성향이 더 강하다. 에베소 교회는 달랐다. 성도 모두 한 마음으로 주님을 생각하여 옳지 않은 것을 물리쳤다.

그래서 주님은 에베소 교회를 향해 "내가 너를 아노라"라고 말씀해 주셨다. 나의 아내는 중학교 때 예수님에 관한 영화를 보고 언젠가 예수 믿을 거라고 결심했다. 고등학교를 졸업하고 성인이 되어 그 가정에서 먼저 신앙생활을 시작했다. 그러나 장인께서 교회 나가는 것을 무척 반대하셨다. 처음에는 지켜보고 계시다가 안 되겠는지, 외출 금지 명령을 내렸다. 신앙과 관련 있는 것들은 다 가져다 버리셨고, 6개월 동안 매시간을 체크해서 집 밖을 나가지 못하게 하셨다. 아내는 아무 소망 없다가 주님 은혜로 기쁨 충만한 생활을 시작할 수 있게 되었는데, 교회를 나와 예배드릴 수 없게 되자 깊은 실의에 빠졌다.

어느 날 잠깐의 틈이 났다. 그 틈을 이용해 교회 지하 예배실로 와 엎드려 울며 기도하고 있었다. 그런데 누군가 등 뒤에서 따뜻하게 어루만져주는 것 같았다. 그분은 "내가 너의 형편을 안다"라고 하시는 예수님이셨다. 깊은 실의는 이루 말할 수 없는 기쁨으로 변하였다. 그리고 다시 신앙생활을 할 수 있게 해 주셨다.

이와 같이 주님은 에베소 교회를 향하여 "네 행위를 안다"라고 하셨다. 주님은 눈을 감고 있거나 귀가 어두운 분이 아니시다. 우리의 작은 섬김 하나라도 모두 알고 계신다. 세상을 살아가면서 겪는 신자의 고통을 허투루 보지 않으시고 정확히 아신다. 나의 수고와 인내에 대해 사람들이 어떤 반응을 보이든 전혀 문제가 될 것이 없다. 우리는 주님이 알아주시는 교회, 주님이 알아주시는 성도면 되는 것이다. 그러나 수고와 인내로 진리를 지키는 데 힘을 다했던 에베소 교회를 주님께서 책망하셨다.

그러나 너를 책망할 것이 있나니 너의 처음 사랑을 버렸느니라(4절).

에베소 교회는 교회 안에 거짓된 가르침과 사상이 침투하지 못하도록 모든 수고를 다 했다. 그런 헌신과 수고에도 피곤해하지 않는 견고함이 있었다. 참으로 대단하며 칭찬받을 만하다. 그리고 주님이 친히 알고 있다는 최고의 칭찬을 하셨다. 그럼에도 책망할 것이 있다고 하셨다.

그 이유는 그들이 처음 사랑을 버렸다는 것 때문이다. 처음 사랑이 얼마나 중요한지 "그러므로 어디서 떨어졌는지를 생각하고 회개하여 처음 행위를 가지라 만일 그리하지 아니하고 회개하지 아니하면 내가 네게 가서 네 촛대를 그 자리에서 옮기리라"(5절)라고 하셨다. 촛대를 옮기겠다는 것은 교회로 인정할 수 없다는 뜻이다. 교회가 가져야 하고, 신자로서 갖지 않으면 안 될 것이 사랑이기 때문이다. 사랑은 교회가 존재하느냐 존재할 수 없느냐의 문제이며, 생명의 새 질서에 속한 자이냐, 사망의 옛 질서에 속하느냐를 밝히 드러내는 기준이 된다. 진리를 추구하고 박해를 견뎌내는 것 또한 중요한 일이다. 수고하고 인내하는 것 또한 꼭 해야 할 일이다. 그러나 그 무엇보다 처음 사랑보다 중요한 것은 없다. 다른 것에서 상당한 인정을 받았다 할지라도 처음 사랑을 버렸다면, 교회답지 못하며, 신자답지 못한 것이다.

주님께서 서기관들과 바리새인들을 신랄하게 비판하셨던 이유를 보라.

> 23 율법학자들과 바리새파 사람들아, 위선자들아, 너희에게 화가 있다! 너희는 박하와 회향과 근채의 십일조는 드리면서, 정의와 자비와 신의와 같은 율법의 더 중요한 요소들은 버렸다. 그런 것들도 반드시 했어야 하지만, 이것들도 소홀히 하지 말았어야 했다. 24 눈 먼 인도자들아! 너희는 하루살이는 걸러내면서, 낙타는 삼키는구나!(마 23:23~24, 표준새번역).

종교인들은 정해놓은 규칙과 전통을 지키는데 철저했다. 그들은 할인받은 금액의 십일조까지 드릴 정도였다. 하지만 주님은 하루살이는 걸러내면서 낙타는 삼키는 어리석은 자들이라고 책망하셨다. 더 중요한 정의와 자비와 신의를 버렸기 때문이다. 정의와 자비와 신의란 사람이 하나님과의 관계에서, 사람이 사람과의 관계에서 보여야 할 사랑의 정신을 말한다. 헌금과 십일조를 드리는 이유가 어디에 있는가? 십일조의 정신은 하나님의 주권에 대한 인정이며 이웃에 대한 사랑이다. 한마디로 "사랑" 때문이다.

우리는 올바른 일을 했기 때문에 다 되었다고 말할 수 있다. 다른 사람들이 인정할만한 일들을 이루었기 때문에 우리는 바르다라고 할 수 있다. 하지만 탁월한 종교적 업적과 성취를 이뤄냈다 하더라도 그것이 사랑으로 귀결되지 않는다면, 주님은 "아니다"라고 하신다. 14세기 영국 노리치의 영성 신비가인 줄리안이라는 여성이 있었다. 그녀는 평생의 삶을 기도에 전념하면서 하나님의 신비한 일들을 보았는데, 십자가의 예수 그리스도의 고난이 중심이었다. 그것들을 「신성한 사랑의 계시」라는 책에 기록해 놓았다. 여기서 줄리안은 자신이 본 모든 환상에 담긴 하나님의 뜻, 그분의 목적이 무엇인지를 여쭙는다. 그에 대한 하나님의 대답은 "사랑이 그분의 뜻이다"였다. 주님이 기뻐하시는 교회요 신자는 누구인가? 무엇보다 하나님의 사랑이 하나님의 뜻인 줄 알아 행하는 교회요 성도이다.

그렇다면 처음 사랑이 무엇인지 보라.

> 4 그러나 너를 책망할 것이 있나니 너의 처음 사랑을 버렸느니라
> 5 그러므로. 어디서 떨어졌는지를 생각하고 회개하여 처음 행위를 가지라 …(4-5절 상).

4절에서는 처음 사랑을 버렸다고 되어 있는데, 5절에서는 "회개하여 처음 사랑을 가지라"라고 하지 않고 "회개하여 '처음 행위'를 가지라"라고 하셨다. 사랑이라는 말을 행위라는 단어로 바꿔 표현

함으로써, 사랑이 감성적인 말이 아닌 구체적인 행위임을 강조하고 있다.

에베소 교회는 진리를 추구하고 박해를 견디는 동안, 신자 됨의 가장 뚜렷한 표징(表徵)인 사랑이 사라졌다. 잘못된 사상을 근절시키고 거짓 교사들을 추방하는 동안에 그들의 교제가 메말랐다. 그들 서로가 신뢰하지 못했다. 진리를 지키는 일이 너무도 마땅한데, 진리가 사람을 질리게 만들었다. 사도 요한은 "9 하나님의 사랑이 우리에게 이렇게 나타난 바 되었으니 하나님이 자기의 독생자를 세상에 보내심은 그로 말미암아 우리를 살리려 하심이라 10 사랑은 여기 있으니 우리가 하나님을 사랑한 것이 아니요 하나님이 우리를 사랑하사 우리 죄를 속하기 위하여 화목제물로 그 아들을 보내셨음이라 11 사랑하는 자들아 하나님이 이같이 우리를 사랑하셨은즉 우리도 서로 사랑하는 것이 마땅하도다"(요일 4:9~11)라고 하였다. 그리고 다시 한번 결론과 같이 "20 하나님을 사랑한다고 하면서, 자기의 형제자매를 미워하면, 그는 거짓말쟁이입니다. 보이는 자기의 형제나 자매를 사랑하지 않는 사람은, 보이지 않는 하나님을 사랑할 수 없습니다. 21 하나님을 사랑하는 사람은 자기의 형제자매도 사랑해야 합니다. 우리는 이 계명을 주님에게서 받았습니다"(요일 4:20~21, 표준새번역)라고 말씀한다.

우리는 진리를 지키고 옳은 것을 고수하면서도, 결코 잊지 말아야 할 사랑을 놓칠 수 있다. 말씀을 바르게 배우고 지켜가는 것이 신자의 역할이다. 반드시 해야 할 일이지만, 절반만 옳다. 이단이 아닌 이상, 그것으로 나와 그 누군가를 차별하여 함께 앉아 있을 수 없다면, 잘못 가고 있는 것이다. 안타까운 현실은 교회들마다 이것을 피부적으로 느끼고 있으며, 대다수의 우리나라 교회 성도들은 "우리 교회는 사랑이 없다"는 이야기를 한다. 집 안에서만 생활하는 사람들을 '은둔형 외톨이', 일본말로는 '히키코모'리라고 한다. 우리나라에도 통계에 의하면 21만 명, 일본은 2015년 기준으로 54만 명이 넘는다고 하였다.

'그러면 이런 증상이 선천적이고 유전적이냐? 그렇지 않다.'

충격적인 사건이나 거절 등으로, 거치적거리는 것 없이 혼자 사는 편이 낫다고 잘못된 결론에 이르렀기 때문이다. 어쩌다 보니 10년을 방 안에서 보냈다고 하는 한 사람은 "10년 세월이 오늘이 내일이고 내일이 오늘 같았던 날이었다"라고 하였다. 반드시 그렇지만은 않더라도 이들의 공통점은 누구에게서도 친절함과 따뜻함을 맛볼 수 없었다는 것이다.

그렇다면 눈을 돌려 교회 안을 돌아보라. 교회 안에서 마음 편히 신뢰함으로 자기 이야기를 꺼내놓을 수 없다는 것은 이만저만한 불행이 아니다. 그래서 다른 곳을 찾아가는데, 남성들은 술친구를 찾고 여성들은 점집을 찾아간다. 영성이 있는 무당님께서는 입이 무거워 함부로 발설하지 않고 위로가 되는 말씀을 많이 들려주시기 때문이다. 그래서 점집 앞에서 "권사님", "집사님"이라고 부르는 소리들을 간간히 들을 수 있다. 우리가 무엇 때문에 우리 이웃, 교우의 영혼을 사교 집단에 빼앗기고 술집, 점집, 커피 마시는 카페에 빼앗기고 있는가? 나는 다음과 같은 기대를 해 본다. 우리 성도들이 일을 제대로 잘하는 교회가 되었으면 한다. 무엇을 한다 하면, 정말 하는 듯했으면 좋겠다. 우리 교회가 성경 공부에 열심을 냈으면 좋겠다. 우리 교회가 말씨도 사납지 않았으면 좋겠다. 큰 소리 치면 심장이 벌렁거린다.

그러나 무엇보다도 어둠의 터널을 지날 수 있게 서로서로가 예수께서 우리와 함께 계시듯 함께 해 주는 사랑이 넘치길 바란다. 우리의 손이 주님 손이 되고 우리 발이 주님 발이 되며 우리 입술이 주님 입술이 되어, 그대를 주님 아닌 다른 세력에 빼앗기지 않게 하겠다고 하는 거룩한 결심이 있길 바란다. 거룩한 진리와 교회의 성결함 뿐 아니라, 서로를 지켜내겠다고 하는 사랑으로, 하나님의 눈에 띄는 교회요 성도이길 소망한다.

사랑이 그분의 뜻입니다.

충성

파커 J. 파머 목사님은 진지하고 정직한 자기 성찰로 자신을 수용하고 은총을 향해 기꺼이 나아간다면 우리에게 커다란 보상이 뒤따라온다고 하였다. 그러면서 현재 자기 모습을 사랑으로 받아들이는 법을 세 가지로 조언해 주었다.

첫째, 젊은 세대와 접촉하라.

그들에게 조언하는 것이 아니라, 그들로부터 배우며 에너지를 얻고 그들이 자신의 길을 갈 수 있도록 지원하라. 이런 접촉을 "생산성"이라고 하는데, 침체에 빠지지 않도록 크게 도움을 준다.

둘째, 당신이 두려워하는 모든 것을 회피하지 말고, 그것을 향해 움직여라.

"벗어날 수 없다면, 뛰어들라!" 타자(他者)가 두렵다면, 정면으로 마주 보며 그의 이야기 안으로 들어가라. 그리고 당신의 공감이 확

장될 때 두려움이 줄어드는 것을 지켜보라.

셋째, 가능한 한 많은 시간을 자연에서 보내라.

자연은 모든 것에 저마다의 자리가 있으며 어떤 것도 배제될 필요가 없음을 끊임없이 일깨워준다. 인생처럼 "뒤엉킨" 숲 바닥에는 놀라운 진실성과 조화가 깃들어 있다.

나는 그의 조언을 이렇게 요약해 보았다.

> 침체에 빠지지 않도록, 뒤엉킨 것 같은 인생의 무대를 벗어날 수 없다면 뛰어들어라.

다 이해할 수 없을지라도 우리 삶에는 하나님의 신비한 손길이 간섭하고 있다. 그것을 알기에 한결같은 신실함을 갖고자 하며, 그 자리에서 주어진 신자의 삶을 살아가는 것이다. 그리고 그것이 믿음이다. 이러한 믿음을 보여 준 교회가 본문의 서머나 교회다.

서머나 교회는 상당한 어려움을 겪고 있었다.

> 내가 네 환난과 궁핍을 알거니와 실상은 네가 부요한 자니라 자칭 유대인이라 하는 자들의 비방도 알거니와 실상은 유대인이 아니요 사탄의 회당이라(9절).

환난이 있으면 궁핍이 뒤따르고, 궁핍이 있으면 환난이 뒤따르는 식으로 설상가상(雪上加霜)이다. 쓰나미나 해일이 오면 의식주의 문제, 전염병이 뒤따라오는 것과 같은 격이다.

서머나 지역은 다른 지역들보다 훨씬 더 경제적으로 부요했다. 이 시기는 로마가 전 세계의 패권을 잡았던 때였고, 그로 인해 로마 황제에 대한 숭배가 성행했다. 그래서 지배 지역마다 황제 숭배를 위한 신전을 두었다. 서머나를 포함한 주변 지역도 마찬가지였는데, 이 모든 지역의 신전을 총괄하는 기능 도시가 서머나였다. 신전이나 우상을 만드는 곳은 항상 경제적인 부가 뒤따랐기에, 서머나도 역시 경제적으로 부요했다.

그러나 서머나 교회는 "가이사는 주님이시다"라는 황제 숭배를 거부했으므로 물질적인 빈곤뿐 아니라 직업까지 잃기도 했다. 세상은 풍요롭지만 교회는 궁핍하게 되었다. 지금이야 교회 건물이 있지만, 1세기의 교회는 건물 없이 신자들의 집에서 예배를 드리다가 핍박을 받으면 지하로 숨어서 들어가곤 했다. 더 곤혹스러웠던 것은 자칭 유대인이라는 자들 때문이다. 이들은 혼합적인 신앙관을 가지고 있었기에 상당한 부와 지위를 얻었다. 이들로부터 그리스도인들은 황제 숭배하지 않는 무신론자라고 고소를 당하였다. 주님은 그들에 대해 "실상은 유대인이 아니요 사탄의 회당이라"(계 2:9 하)라고 하셨다. 참 유대인이 아니라는 것이다. 그들은 하나님의 언약 백성이 아니므로, 최고 은혜인 예수 그리스도의 십자가를 부정하였다. 그들이 자칭 유대인이라며 하나님을 섬기는 것처럼 보이지만, 실제로는 하나님의 대적자들이었다.

같은 편인 것처럼 보이는 사람들이 더 큰 괴로움을 준다. 우리를 가장 아프게 하는 사람들이 누구인가? 가까이 있는 사람이다. 교우일 수도 있고 가족이기도 하다. 항상 그런 것은 아니더라도 간혹 이런 말을 듣게 된다.

"내 편인 듯 내 편 아닌 남의 편 같은 남편."

정작 도와줘야 할 사람이 옆에서 팀킬 한다. 그래서 웬수가 따로 없다며, 성경 말씀을 되뇐다.

사람의 원수가 자기 집안 식구리라(마 10:36).

교회도 마찬가지이다.

한 권사님이 나에게 말씀해 주셨다. 남편 신앙이 약해 주일에도 일하다가 그만 사고를 당했다. 교회에서 심방 왔다. 누워 있는 남편에게 어떤 분이 "하나님이 치셨어. 주일에 예배 안 드리고 일해서 사고 난 거야"라고 말했다. 병원밖으로 나와 몇몇 사람들이 그 말을 한 분에게 이야기했다. "권사님, 말 잘했어. 내가 그 말을 꼭 하고 싶었거든. 깨달아야 하는데"라고 말이다. 하나님을 너무 잔

혹한 분으로 만든다. 이런 경우 입이라고 하지 않고 주둥이라고 한다. 하나님은 주일에 일해야 하는 그의 처지와 믿음의 부족함을 안타깝게 여기신다. 하나님이 참으시는 한 우리도 입을 틀어막아야 하고 잡아 뜯어야 한다. 아무튼 같은 편인 것 같이 보이는 유대인으로부터의 핍박과 비방, 제국주의로부터의 고난이 끊이질 않았다.

이때 주님은 "너는 장차 받을 고난을 두려워하지 말라 볼지어다 마귀가 장차 너희 가운데에서 몇 사람을 옥에 던져 시험을 받게 하리니 너희가 십 일 동안 환난을 받으리라 네가 죽도록 충성하라 그리하면 내가 생명의 관을 네게 주리라"(10절)라고 말씀하셨다. 10절에는 고난, 시험, 환난이라는 말로 가득하다. 이는 세상에서 살아가는 신자의 삶을 말해 준다.

21 바울과 바나바는 그 성에서 복음을 전해서 많은 제자를 얻은 뒤에, 루스드라와 이고니온과 안디옥으로 되돌아갔다. 22 그들은 제자들의 마음을 굳세게 해 주고, 믿음에 머물러 있으라고 권면하였다. 그리고 또 '우리가 하나님 나라에 들어가려면, 반드시 많은 환난을 겪어야 합니다' 하고 말하였다(행 14:21~22, 표준새번역).

"겪다"라는 말은 하나님 나라에 참가한 사람의 필수 사항으로 많은 고통의 시간을 지내야만 한다는 뜻이다. 고난은 그리스도를 따른 신자들의 표지이다. 종교개혁가 마틴 루터는 고난을 올바른 교회의 표지로 삼았다. 교회는 "복음 때문에 박해와 고난 받는 사람들의 공동체"이다.

왜냐하면 우리 주님이 세상으로부터 영광을 받지 않으셨고 고난을 겪으셨기 때문이다. 우리는 예수님을 '그리스도요 주님으로 시인'하였고 하나님의 자녀가 되었다. 우리가 하나님의 자녀가 되었다는 것은 이 세상 속에서 살고 있다 하더라도 이 세상에 속한 자가 아니요 하나님 나라에 속한 자로 살기 시작했다는 뜻이다. 하나님 나라에 속해 있다는 것은 하나님 편에 서 있다는 것이며 세상을 등졌다는 말이다. 세상이 주는 기쁨, 세상이 약속한 행복, 세상이 인정하는 성공방식을 따르지 않겠다는 선언이다. 세상을 불쌍히 여겨 사랑하나 세상 정신을 따르지 않는다. 신자는 세상으로부터 만족을 얻을 수 없으며 세상이 영원하지 않음을 안다.

15 이 세상이나 세상에 있는 것들을 사랑하지 말라 누구든지 세상을 사랑하면 아버지의 사랑이 그 안에 있지 아니하니 16 이는 세상에 있는 모든 것이 육신의 정욕과 안목의 정욕과 이생의 자랑이니 다 아버지께로부터 온 것이 아니요 세상으로부터 온 것이라 17 이

세상도, 그 정욕도 지나가되 오직 하나님의 뜻을 행하는 자는 영원히 거하느니라(요일 2:15~17).

1800년대 중반 영국 웨일스 출신의 선교사님이 인도에 가서 어떤 남성에게 복음을 전하였다. 그와 그의 가족이 다 구원받았다. 그가 복음을 받아들이자, 즉시 박해가 뒤따랐다. 마을 이장이 회심자에게 신앙을 버릴 것을 요구했다. 그러자 그는 "나는 주님 뜻대로 살기로 했습니다"라고 대답했다. 계속된 위협에도 그는 "이 세상 사람들이 날 몰라줘도 뒤돌아서지 않겠습니다"라고 선언하였다. 그는 아내와 처형되었으나 나중에 마을 사람 다수가 그들의 복음 증언으로 회심했다. 그리고 몇+0*- 년 후, 인도의 전도자 사두 선다싱(Sundar Singh)이 그의 고백에 곡조를 붙였다(원제: 돌아서지 않으리, No turning back)).

주님 뜻대로 살기로 했네 주님 뜻대로 살기로 했네

주님 뜻대로 살기로 했네 뒤돌아 서지 않겠네

이 세상 사람 날 몰라줘도 이 세상 사람 날 몰라줘도

이 세상 사람 날 몰라줘도 뒤돌아 서지 않겠네

세상 등지고 십자가 보네 세상 등지고 십자가 보네

세상 등지고 십자가 보네 뒤돌아 서지 않겠네

우리 역시 때로 환난과 궁핍이 있고 가까운 사람들이 몰라준다 해도, 십자가 보며 주님께 충성하겠다는 결심이 있어야 한다. 그러나 충성에 대해 종종 오해하는 경우가 있다.

네가 죽도록 충성하라(10절).

이 말씀은 우리의 생명이 다할 때까지 충성으로 일관하라는 요구이다. 어느 기간이 지나면 "나는 이제 내 마음대로 살 수 있어"라고 하는 것을 죽도록 충성이라고 하지 않는다. 우리 각자는 자신에게 알맞은 역할, 사명을 주님을 받았다. 이 관계를 잘 생각해야 한다. 부르신 분이 있고 부름 받은 우리가 있다. 사명을 주신 분이 있고 사명을 받은 우리가 있다. 맞는 역할과 기능을 주신 분이 있고 그 역할과 기능에 따라 충성해야 할 우리가 있다. 그러면 우리는 이렇게 선언해야 한다.

맡은 자들에게 구할 것은 충성이니라(고전 4:2).

그런데 충성을 대의명분에 적용하려고 하기 때문에 문제이다. 성경에서 말씀하는 충성은 일의 경중, 대소, 사람들의 인정여부 등에 달려 있지 않다. 우리 동양권에서는 충성을 목숨 버릴 만한 일에 해당하는 덕목으로 여긴다. 사람의 인정 여부에 따라 하찮고 시시한 것은 충성할 것이 아니라고 생각한단 말이다. 그러나 은사를 주시고 역할을 맡기고 나를 아시는 분은 주님이시다. 그렇다면 가장 중요한 일이란 따로 있는 것이 아니라, 지금 내가 해야 하는 일이다. 우리 기준대로 "중요한 일이다, 중요하지 않은 일이다"라고 판단해서는 옳지 않다. 우리 생각대로 충성할 일이다, 충성하지 않아도 될 일이라고 하지 않아야 한다. 그 일을 주신 분은 주님이시고 그것에 대한 가치 평가는 주님께 있기 때문이다.

마태복음 25장을 보시면 주님의 달란트 비유가 나온다.

> 14 또 어떤 사람이 타국에 갈 때 그 종들을 불러 자기 소유를 맡김과 같으니 15 각각 그 재능대로 한 사람에게는 금 다섯 달란트를, 한 사람에게는 두 달란트를, 한 사람에게는 한 달란트를 주고 떠났더니 (마 25:14-15).

오랜 시간이 지난 후 결산할 때 다섯 달란트, 두 달란트 받은 종들은 배나 이윤을 남겨 가져왔다. 그러나 한 달란트 받은 종은 왜 나한테만 한 달란트 줬냐고 삐쳤는지 한 달란트를 고스란히 가져왔다.

26 그 주인이 대답하여 이르되 악하고 게으른 종아 나는 심지 않은 데서 거두고 헤치지 않은 데서 모으는 줄로 네가 알았느냐 27 그러면 네가 마땅히 내 돈을 취리하는 자들에게나 맡겼다가 내가 돌아와서 내 원금과 이자를 받게 하였을 것이니라 하고 28 그에게서 그 한 달란트를 빼앗아 열 달란트 가진 자에게 주라(마 25:26~28).

여기에서 보아야 할 부분은 다섯 달란트, 두 달란트를 더 남긴 종들에게 주신 말씀이다.

잘하였도다 착하고 충성된 종아 네가 적은 일에 충성하였으매 내가 많은 것을 네게 맡기리니…(마 25:21, 23).

주님의 평가는 세상과 다르다. 주님께는 크고 작은 것, 더 중요하고 덜 중요한 것이 없다는 말이다. 어떤 일을 했느냐가 아니다. 주님이 보시는 것은 얼마나 성취했느냐의 양적 문제가 아니라, 얼마나 충성했느냐의 질적 문제이다. 이것이 주님의 가치 평가이다.

이것을 믿는다면 지금의 우리 역할에 충성하라. 부모라는 역할에 충성하라. 자녀라는 위치에서 충성하라. 성도로 충성하라. 우리의 삶이 허접한 모습이면 허접한 모습대로 받아들이고 그 안에서 어떻게 하면 하나님의 뜻이 잘 드러나고 영광 받으실 수 있을

까를 고심해서 살라. 부끄러우면 그 부끄러운 모습 감수하고 살라. 미국 노예 해방 문제로 남북전쟁이 있었다. 노예 제도를 찬성하는 남군은 로버트 E. 리 장군이 이끌었다. 링컨의 노예 제도 폐지를 찬성하는 북군은 그랜트 장군이 지휘하였다. 4년간에 걸친 전쟁에서 로버트 E. 리 장군의 병력은 15,000명이 남았다. 반면 북군은 80,000명에 달했다. 병력만이 아니라 식량과 탄약 등 보급품에서도 남군은 절대적 열세였다. 전쟁에서 패할 것이 분명하였으나, 참모들과 병사들은 명령만 떨어지면 싸우겠다고 하였다. 리 장군은 집과 재산, 딸과 며느리, 두 손자 및 수없는 동지들을 전쟁 중 다 잃었다. 조국에 헌신한 애국자였지만, 이제 시민권도 박탈당하고 최악의 경우 반역죄로 재판을 받을 수도 있다.

그때 로버트 E. 리 장군은 "얼마나 쉽게 이 모든 것을 벗어던지고 편히 쉴 수 있는가. 전선으로 한 번만 말을 타고 나가면 모든 것이 끝날 것이다. 그러나 살아남아야 하는 것이 우리의 의무이다. 우리가 살아남아 보호하지 않는다면 남부의 여성들과 아이들은 어찌 되겠는가?"라고 말했다. 그리고는 북군 그랜트 장군에게 항복을 했다. 역사가들은 이때가 로버트 E. 리 장군이 보여 준 최고의 리더십이라고 평가한다. 자신의 자존심보다 더 높은 책임이 그를 앞섰기 때문이다. 그런 까닭에 패전이라는 부끄러움, 항복이라는 수치를 받아들였다.

그것이 충성이 아니고 무엇이겠는가?

왜 대의명분을 찾는가?

왜 충성을 우리 삶이 아닌 다른 사람의 삶이나 특수한 지역이나 역할에서 찾으려고 하는가?

왜 우리의 역할을 집어던질 생각만 하는가?

왜 가족을 버리려고 하는가?

왜 삶에서 버리고 도려내고 잘라버릴 생각만 하는가?

주님께서 우리에게 순교를 원하시면 그 말씀 따르지 않겠는가?

우리 모두는 믿음의 선조들처럼 "내게 천 개의 심장이 있더라도 주님께 드리겠습니다"라고 할 것이다. 그렇다면 주님께서 순교할 생각 말고 지금 자리에서 살아라, 라고 하셨다면 그것을 못할 이유가 조금도 없다. 살아서 순교하라. 주님께서 그만두라고 이제 거둬들이라고 하실 때까지 그 자리에서 맡겨진 역할과 기능에 따라 충성하라. 힘겨운 것은 분명하다. 그러나 주님께서 이렇게 말씀하셨다.

> 처음이며 마지막이요, 죽으셨다가 살아나신 분이 이렇게 말씀하신다(8절, 표준새번역).

주님 자신이 역사와 생명을 주관하시는 분, 세상의 모든 운명을 쥐고 계신 분, 주님보다 더 강한 이가 없고 주님보다 더 뛰어난 권세자가 없다고 하신다. 그분이 우리 주님이니 겁내지 말라, 뒤로 물러서지 마라, 함께 하겠다고 약속해 주신다. 주님이 그만두라고 하실 때까지 우리 자리에서 비상한 각오로 충성하길 다짐하라.

본문 계 2:12~17

생활

신자의 신앙은 무엇으로, 혹은 어디에서 드러날까?

예배학에서는 설교의 완성은 성도들이 교회당 밖을 나가면서부터 이루어진다고 말한다. 설교는 성도들의 삶에서 완성된다는 뜻이다. 또 로완 윌리엄스는 그리스도께 헌신된 성도의 삶은 두 가지로 나타난다고 하였다. 먼저는 우리가 생각하고 말하고 행동하는 방식에 대해 주님께 꾸준히 여쭈면서, 우리의 말이 신뢰할 받을 수 있도록 끊임없이 애써야 한다는 것이다. 다른 하나는 다른 사람들과 더불어 하나님과 깊은 관계를 맺어 성숙해 가느냐에 있다. 결국 신자의 신앙고백은 삶의 현장에서 삶의 모습으로 드러난다는 말이다.

우리가 머물고 있는 세상, 함께 하고 있는 사람들, 마주 대해야만 하는 상황들에서 우리의 믿는 바가 무엇인지 매우 분명하게 드러난다. 세상에서 신자로 살아간다는 것은 쉽지만은 않다. 만만한 것은 아무것도 없다. 그렇더라도 주님 말씀에 귀 기울여 우리 신앙 고백이 삶의 모습에서 드러나야 하고 드러날 수 있어야 한다.

주님은 버가모 교회를 향해 "네가 어디에 사는지를 내가 아노니 거기는 사탄의 권좌가 있는 데라 네가 내 이름을 굳게 잡아서 내 충성된 증인 안디바가 너희 가운데 곧 사탄이 사는 곳에서 죽임을 당할 때에도 나를 믿는 믿음을 저버리지 아니하였도다"(13절)라고 하셨다. 여기서 "사탄의 권좌"란 "사탄이 왕으로 즉위한 곳"이라는 뜻이다. 버가모 지역에는 사탄이 일시적으로 머무는 것도, 자기 이름을 두고 순회하는 것도, 혹은 졸개들을 보낸 것도 아니다. 사탄이 자기 권좌를 그곳에 두어 집중적으로 사역, 관리, 양육, 제자 훈련한다는 말이다. 대통령이 대통령으로 통치하기 위해 청와대 집무실에 있듯, 버가모 지역을 사탄이 자기 집무실로 삼았다.

버가모 지역은 최초로 로마 황제 숭배를 위한 신전이 세워진 곳이다. 그것만이 아니라, 서머나 지역과 함께 다른 지역들의 신전 관리를 총 감독하였기에 버가모 사람들에겐 굉장한 자부심이었다. 여기에다가 지리적 위치상, 가장 높은 곳에 황제 숭배와 그리스 신화에 나오는 다양한 신들의 신전이 있었다. 제우스 신전이 버가모에 있었다. 신전이 맨 위에 있고 그 밑으로 귀족들이 살고, 그다음 중간 계층의 사람, 그리고 제일 밑에 하층민이 사는 순으로 되어 있었다. 말할 필요도 없이 이러한 구조를 볼 때, 버가모 지역이 무엇에 의해 통치받는지, 무엇이 이곳에 강력하게 역사하는지 알 수 있었다.

이런 정황들을 볼 때, 버가모 교회는 예수님께 대한 믿음을 저버리기 매우 쉬웠다. 그런데 버가모 교회가 어떻게 했다는 것인가?

> 나는 네가 어디 사는지 잘 안다. 너는 사탄의 보좌 바로 밑에 살고 있다. 그럼에도 너는 담대히 내 이름 안에 머물렀다. 최악의 압박 가운데서도, 사탄의 관할 구역에서 내게 끝까지 신실했던 나의 증인 안디바가 순교할 때도, 너는 한 번도 내 이름을 부인하지 않았다 (13절, 메시지).

"굳게 잡다"는 악조건임에도 계속 예수님의 이름을 굳게 붙들었다는 뜻이다. 황제 숭배를 단호히 거절함으로 박해, 괴로움을 당했으나, 예수님에 대한 믿음을 버리지 않았다.

그 한 예로 충성된 증인 안디바가 순교하는 핍박을 받았다. 안디바는 돌을 잘 다듬는 매우 뛰어난 석공이었다. 그래서 로마의 관리는 그를 데리고 와 황제 앞에 절하게 한 후 그를 사용하려 했다. 로마관리는 황제 신상에 절하라고 명령을 하였다. 그러나 안디바는 "만왕의 왕, 만주의 주는 예수 그리스도 밖에 없으니 예수 외는 절하지 않겠노라"라고 하였다. 그러자 화가 난 로마 관리는 "온 세상이 너를 대항하고 있는 줄 알지 못하느냐?"라고 하였다. 안디바는 담대하게 "그렇다면 나는 온 세상을 대항하여 예수를 만주의 주님으로 시인하노라"라고 하였다. 그는 황소 모양의 놋 가마 안에 구워서 태워 죽는 순교를 당했다. 예수 그리스도는 어떤 상황에서도 우리에게 만왕의 왕이시오 만주의 주시라고 찬송 받으시기에 합당하시다.

이런 처절한 상황에서 버가모 교회는 어려움 중에 있는 신자가 취해야 할 태도가 무엇인지 명확하게 보여 주었다. 그것은 오직 주님께만 소망 두어 예수 이름만 붙잡는 것이다. 신자의 삶에도 마치 사탄이 강력하게 지배하는 것과 같은 일들을 얼마든지 겪는다. 그것들이 어떤 뜻이 있는지 무슨 의미인지 알기라도 하면 좋을 텐데, 알 수도 이해할 수도 없다. 유전인자도 안 좋다. 가정환경도 안 좋다. 상황은 나를 망하게 하려는 듯 몰아붙인다. 그래서 "하나님이 나를 버리셨는가, 나에게서 어떤 흠을 발견하셔서 벌을 내리시려는 것인가"라고 생각되기도 한다. 우리에게 왜 이런 환경과 삶의 정황이 주어졌는지 다 이해할 수 없으며 다 해석할 수도 없다. 그래서 "왜 나만 이래야 해? 왜 내가 이런 꼴을 당해야 해?"라며 삶에 대해 반문하게 된다.

그러나 신자의 초점은 "왜 나에게만 이런 환경이 주어진 것인가? 왜 나의 삶의 정황들은 이런 것들밖에 되지 않는가?"라는데 있지 않다. 또 그 같은 마음으로 현재 상황에 대한 회피 하거나 부정하는 일도 아니다. 그와 같은 자조적인 질문은 회의와 원망과 절망에 이르게 할 뿐이다. 삶은 물음표로 가득하다. 명확하지 않다. 사람은 경험적 지식을 가진다. 지나고 나서야 비로소 알게 된다는 뜻이다. 그렇지 못한 사람들도 허다하다. 그러니 "왜 나에게"라는 것은 나를 건강하게 세우지 못한다. 어떤 의문도 갖지 않아야 한다는 뜻이 아니다. 오히려 신자는 풀리지 않은 의문의 삶에서 "왜 이래야 하느냐?"가 아니라, 어떻게 하면 예수님의 이름을 더욱 굳건하게 붙잡을 수 있는지에 초점 맞춰져 한다. 이것이 신자가 가져야 할 삶의 몫이며 태도이다. 찰스 스윈돌 목사님은 객관적 사실이 영향을 주는 것은 통틀어 10퍼센트에 불과하고, 나머지 90퍼센트는 반응이 삶을 만든다고 하였다. 일어난 사건, 환경, 상황보다도 더 중요한 것은 그 일에 대한 우리의 반응이다. 그 반응이 우리의 삶을 이끌어간다.

빅터 프랭클은 아우슈비츠 수용소에서 살아 나온 정신과 의사이다. 그는 죽음의 수용소에서도 사람이 어떤 행동을 할지 선택할수 있다고 보았다. 죽음의 수용소에서 대부분의 사람들은 무감각과 불안감이라는 특징을 가지고 있었다. 옆에 사람들이 죽어나가도 전혀 요동하지 않고 먹을 것을 가지고 싸운다. 늘 불안하니 공포의 삶을 산다. 그러나 그러한 무감각과 불안감을 제압하고 다른 사람을 위로하거나 마지막 남은 빵을 나누어 주는 사람들이 있었더라는 것이다. 빅터 프랭클은 그런 사람들이 극소수이지만, 진리가 옳다는 것을 입증하는 예라고 하였다. 어떤 진리를 말하는 것일까? 인간에게 모든 것을 빼앗아 가고, 자기 의사와 상관없이 일어나는 모든 사건, 상황에서도 자기의 태도를 결정할 수 있다는 진리, 그리고 자기만의 길을 선택할 수 있는 자유는 빼앗기지 않을 수 있다는 진리이다.

신자는 사탄이 권좌를 두고 있는 듯한 세상에서 극소수의 사람, 마이너리티로 산다. 신자는 언제나 "인싸가 아니라 아싸" 곧 주변인이다. 그런 속에서 내 의지나 의사와 상관없는 일들이 일어나기도 한다. 원치 않는 일들도 고통을 당할 수 있다. 눈물이 쏟아져 나오는 것을 참을 수 없기도 한다. 그럼에도 우리는 하나님이 주신 자유, 예수 그리스도를 향한 사랑 고백, 우리 주님을 향한 믿음을 선택할 수 있다. 하나님이 주신 은혜대로 "왜 나만 이래야 해?" "왜 내가 하는 일마다 이 모양이야?" "왜 나는 되는 게 하나도 없어?"라는 자조적인 되뇜이 아니라, 대신 "어떤 상황에서도 예수님의 이름을 붙잡겠습니다." "예수 그리스도를 의지하고 신뢰하겠습니다"라는 결심을 할 수 있다.

이러한 버가모 교회였지만 주님은 "14 그러나 네게 두어 가지 책망할 것이 있나니 거기 네게 발람의 교훈을 지키는 자들이 있도다 발람이 발락을 가르쳐 이스라엘 자손 앞에 걸림돌을 놓아 우상의 제물을 먹게 하였고 또 행음하게 하였느니라 15 이와 같이 네게도 니골라 당의 교훈을 지키는 자들이 있도다"(14~15절)라고 하셨다. 니골라 당의 교훈이 곧 발람의 교훈이다. 버가모 교회는 니골라 당을 교회 안에서 자리 잡도록 품고 있었다는 것이다. 버가모 교회의 시대에도 우상 숭배가 횡행하였기에, 우상 숭배 전에 축제가 열렸다. 니골라 당은 이 축제 참여는 문화적인 적응이나 사회적인 책임 차원에서 용납되는 것이라고 하였다. 예수 그리스도께 대한 믿음을 굳게 붙잡고 중심만 흐트러지지 않으면 아무 상관없다고 가르쳤던 것이다. 이방 풍속에 익숙해있는 신자들에게는 매우 설득력 있는 가르침이었다. 이런 가르침을 14절에서 "지켰다, κρατέω"라고 하는데, 이 단어는 13절에 나오는 "잡다"와 동일하다. 아이러니하게도 버가모 교회는 예수 이름을 굳게 잡기도 하고 발람의 행위도 굳게 잡았다. 이런 것을 양다리 걸쳤다고 한다.

버가모 교회가 외부적인 압박과 정치적인 위협에서는 승리했으나, 내면적인 것과 윤리적인 삶에서는 실패하였다. 요약하자면 교리에서는 승리했으나, 생활에서는 실패했다. 그들은 "우리는 공로 없고 모든 것이 예수님의 은혜이다. 그러니 어떻게 살아도 우리는 하나님의 백성이다"라고 하였다. 마음이 변하지 않는 한, 우리 몸은 어떻든 상관없다, "우리는 어쩔 수 없는 인간들이니까 말이다"

라고 하였다. 그들이 예수님의 이름을 부인한 적은 한 번도 없다. 외적인 압력에 굴복한 적도 없다. 그러나 그들 신앙이 생활에서 삶의 모습으로 이어지지 않았다. 예수 믿는 사람이나 믿지 않는 사람이나 똑같이 육욕에 빠져 살았다. 과연 은혜로 구원받았기에 우리 생활은 어떻든 상관없는 것일까?

> 8 여러분은 믿음으로 말미암아 은혜로 구원을 받았습니다. 이것은, 여러분에게서 난 것이 아니요, 하나님의 선물입니다. 9 구원이 행위에서 난 것이 아님은, 아무도 그것을 자랑할 수 없게 하려고 하시는 것입니다. 10 우리는 하나님의 작품입니다. 선한 일을 하게 하시려고, 하나님께서 그리스도 예수 안에서 우리를 만드셨습니다. 하나님께서 이렇게 준비하신 것은, 우리가 선한 일을 하면서 살아가게 하시려는 것입니다(엡 2:8~10, 표준새번역).

신자는 구원을 잃어버릴까봐, 하나님의 사랑을 놓칠까 불안해서 선한 일을 하는 것이 아니다. 우리는 이미 예수 그리스도 그의 순종과 공로로 하나님의 공의를 충족시키셨고 구원받았다. 대신 선한 일은 하나님을 닮았기 때문이다. 아들이 그 아버지를 닮아 따라 행하는 것과 같다. 아들 지위 문제와는 전혀 상관없다.

그가 우리를 대신하여 자신을 주심은 모든 불법에서 우리를 속량하시고 우리를 깨끗하게 하사 선한 일을 열심히 하는 자기 백성이 되게 하심이라(딛 2:14).

우리가 은혜로 구원받았기에 어떻게 살아도 되는 것이 아니다. 하나님께 마음만이 아니라, 우리 몸도 드려야 한다. 우리는 하나님의 목적과 기대대로 착한 자가 되어야 하고 선한 일에 열심 내는 자가 되어야 한다. 이는 윤리적이고 도덕적인 문제가 아니다. 자비롭고 인자하신 하나님의 거룩함을 닮기 위해서이다. 하나님의 백성닮기 위해서이다.

그러면 어떻게 우리 신앙과 생활이 분리되지 않고 일치된 삶, 신앙이 삶에서 드러나는 삶을 살 수 있을까? 신자로서 말부터 착하고 예쁘게 하도록 노력하길 바란다. 말을 사납게 하지 않겠다고, 말을 받아치는데 능한 자가 되지 않도록 주의해야 한다. 히브리어에서 말은 곧 그 사람 자신을 뜻한다. 내가 말을 하는 것은 '나'라는 인격이 말하는 것이다. 내 말을 누군가에게 전해 준다는 것은 나 자신을 주는 것이다. 내 말을 믿을 수 없다면 내 인격, 내 존재를 믿을 수 없다는 뜻이다. 말 뒤에는 그 말을 낸 인격체가 버티고 있다. 말이란 그 사람이 무엇을 신뢰하는지, 무엇을 추구하는지 가장 빠르고 효과적으로 알 수 있다.

그러므로 진실하고 정성을 다해 말하되, 밝게 말하라. 세상에는 온갖 불의와 분노와 거친 말들로 가득하다. 우리의 말을 들을 때, 우리가 소망 삼은 것이 무엇인지 드러나게 하여 그 소망과 기쁨이 듣는 이에게 전달되게 하라. 의사의 부주의로 상해를 입은 사람들이라 하더라도 압도적 다수가 의료사고 소송을 제기하지 않는다. 환자가 소송을 하는 경우는 상해 외에 다른 이유가 있었을 때이다. 앨리스 버킨 변호사는 그 이유에 대해 환자가 짐짝 취급받고 무시당하고 천덕꾸러기 대접을 받았다는 것 때문이라고 하였다. 의학자인 웬디 레빈슨은 의사들과 환자들 사이의 대화를 수백 편 녹음한 일이 있었다. 의사 절반은 고소당한 적이 없었고 나머지 절반은 두 번 이상 고소당한 이들이었다. 레빈슨은 대화만으로도 두 그룹의 뚜렷한 차이를 발견할 수 있었다. 고소당한 적이 없는 의사들은 환자 한 명과 함께 있는 시간이 3분 이상 더 길었다. 그리고 환자를 편안하게 배려하는 설명 방식을 즐겨 사용했다. 반면 고소당한 의사들은 말이 퉁명스럽거나 불친절하였다. 의사들 두 그룹 사이에는 정보의 양과 질에는 별 차이가 없었고 오직 "어떻게 이야기하는가"만 달랐다.

말은 신자가 생활 중에서 하나님께 속한 자녀임을 가장 쉽게 드러내는 수단이 된다. 예수님께서 종교인들에게 붙잡혀서 재판받으실 때, 베드로는 일이 어떻게 되는지 알기 위해 은밀히 뒤쫓았다.

그러나 여종들과 사람들이 베드로도 예수 당이라고 지적한다. 그들은 무엇으로 베드로가 예수 당인줄 알았을까?

> 잠시 후, 서 있던 어떤 사람들이 베드로에게 가서 말했습니다. '분명히 너는 그들과 한패다. 네 말씨를 보니 틀림없다.'(마 26:73, 쉬운 성경).

베드로의 말씨를 통해 알았다. 앞서 로완 윌리엄스는 신자의 삶은 먼저 생각하고 말하고 행동하는 방식이 그리스도와 그분의 영께 열려 있는지를 꾸준히 물음으로 우리가 하는 말이 신뢰받을 수 있도록 끊임없이 애써야 한다고 했다. 우리의 신앙이 삶과 별개의 것이 아니라, 가장 작은 것에서부터 세상 사람과 다른 모습으로 나타남을 기억하라.

거룩

세상에는 무서운 것이 한두 가지만 있는 것이 아니다. 물도 무섭고 불도 무섭고 사람도 무섭다. 환경파괴로 인한 재앙도 무섭다. 그럼에도 신자에게는 세상 정욕과 세상 기쁨으로 신자의 거룩함을 잃어버리는 것을 가장 무서워해야 한다. 종교개혁가 마틴 루터는 어느 날 희한한 꿈을 꾸었다. 사탄이 신자를 전멸하기 위해 작전을 짜고 부하들로부터 보고 받는 내용이었다. 사탄의 첫 번째 부하는 사막을 걸어가는 예수쟁이들에게 사자를 보냈다고 했다. 그런데도 사자의 입 앞에서 평화롭게 기도를 하였다고 보고했다. 두 번째 부하는 바다를 항해하는 예수쟁이들에게 폭풍을 일으켰다. 그럼에도 그리스도인들은 암초에 올라가서도 찬송을 불렀다고 했다. 반면 세 번째 부하는 그리스도인들의 한 교회를 찾아가 10년 동안 모든 일이 잘되고 편안하게 만들어 주었더니만 육과 영이 완전히 썩어버렸다는 보고했다.

사탄의 세 번째 부하는 그리스도인에게 물리적인 위협이 아닌 거룩함에 초점 맞춰 타락하게 한 것이다. 성경은 다른 것보다도 영혼의 문제, 하나님과의 관계 등을 가장 중요한 것으로 여겨 말씀한다. 교회가 표면적인 사회제도, 국가적인 문제, 환경 등을 해결하는 것도 중요하지만, 무엇보다 먼저 신자의 영적인 상태를 점검하는 것이 가장 중요하다. 그렇다면 다음 세 가지로 우리 영적 상태를 면밀히 점검해 보자.

1. 거룩을 지키기 위해 신전의식을 현실화하고 있는지 점검해야 한다.

> 두아디라 교회의 사자에게 편지하라 그 눈이 불꽃 같고 그 발이 빛난 주석과 같은 하나님의 아들이 이르시되(18절).

주님의 모습이 불꽃같다는 것은 전지 하심을 상징한다. 발이 빛난 주석 같다는 것은 전능하심을 나타내므로, 주님은 전지전능하신 분이라는 뜻이다. 이는 요한계시록 1장에서 나타난 모습과 같다.

13 그 촛대 한가운데 '인자와 같은 이'가 계셨습니다. 그는 발에 끌리는 긴 옷을 입고, 가슴에는 금띠를 띠고 계셨습니다. 14 머리와 머리털은 흰 양털과 같이, 또 눈과 같이 희고, 눈은 불꽃과 같고, 15 발은 화덕에 달구어 낸 놋쇠와 같고, 음성은 큰 물소리와 같았습니다. 16 또 오른손에는 일곱 별을 쥐고, 입에서는 날카로운 양날 칼이 뻗어 나오고, 얼굴은 해가 세차게 비치는 것과 같았습니다. 17 그를 뵐 때에, 내가 그의 발 앞에 엎어져서 죽은 사람과 같이 되니, 그가 내게 오른손을 얹고 말씀하셨습니다. '두려워하지 말아라. 나는 처음이며 마지막이요, 18 살아 있는 자다. 나는 한 번은 죽었으나, 보아라, 영원무궁 하도록 살아 있어서, 사망과 지옥의 열쇠를 가지고 있다.'(계 1:13~18, 표준새번역).

주님은 불꽃같은 눈으로 교회와 신자의 사정을 다 살펴 아신다. 그리고 그분은 생명에 대한 권한과 죄에 대한 권세와 죽음에 대한 권세를 가지고 계신다. 주님은 교회가 당면한 상황과 형편을 모르지 않기 때문에 사도 요한에게 본 것과 장차 이룰 일을 기록하라고 하셨다. 요한계시록은 공포와 두려움을 조장하기 위함이 아니라, 우리를 알며 보고 계신 주님의 위로의 편지이다.

우리가 어느 때 내 마음대로, 하고 싶은 대로 사는가? 아무도 모르며 누구도 보고 있지 않다고 생각할 때이다. 다윗은 하나님이 보고 계신다는 사실을 잊었다. 애써 하나님이 보고 계심을 외면했는지도 모른다. 그런 까닭에 우리야의 아내 밧세바를 데려와 자기 욕망대로 대했다. 그뿐 아니라, 우리야가 임신하자 우리야를 전쟁터에서 죽도록 만들었다. 모살이다. 그렇게 해놓고 아무도 모를 것이라고 마음 편히 있었다. 전혀 다윗의 모습이라고 생각할 수 없는 일을 저질렀다. 우리는 이것이 어떻게 하나님 마음에 합하다고 하신 다윗의 모습인가, 의아해 할 수 있다. 하지만 이것이 인간의 모습이다. 신전의식, 하나님이 보고 계시다는 것을 알지 못한다거나 외면하면 사람은 어떤 일이라도 저지른다. 그러고도 아무렇지 않게 지낸다. 다윗이 그러했듯 말이다.

모세도 마찬가지이다. 그가 이스라엘 민족을 애굽의 노예살이에서 구하려는 마음은 좋은 것이었다. 그러나 자기 비전이 앞선 나머지, 동족 이스라엘을 학대하는 애굽 관원을 해치고 말았다. 그때의 장면에 대해 "모세는 사방을 살펴 아무도 없는 것을 확인하고는, 이집트 사람을 죽여 모래 속에 묻었다"(출 2:12, 메시지)라고 하였다. 모세는 사방은 보았으나, 위에서 내려다보시는 하나님은 보지 않았다.

그러나 이와 반대로 요셉은 보디발의 아내가 유혹하자 "이 집안에서는, 나의 위에는 아무도 없습니다. 나의 주인께서 나의 마음대로 하지 못하게 한 것은, 한 가지뿐입니다. 그것은 마님입니다.

마님은 주인어른의 부인이시기 때문입니다. 그런데 내가 어찌 이런 나쁜 일을 저질러서, 하나님을 거역하는 죄를 지을 수 있겠습니까?"(창 39:9, 표준새번역)라고 하였다. 요셉은 자기가 할 수 있는 일이 있고 할 수 없는 일이 있다고 하였다. 그 기준은 하나님이시며 하나님이 보고 계심을 알았던 까닭에 자신을 거룩하게 지킬 수 있었다. 요셉은 "사방을 볼 뿐만 아니라 위도 보는 신전의식의 사람"이었다. 교계의 어른 목사님이 여러 선배 목사님들과 북한에 다녀오신 경험을 한 세미나에서 말씀해 주셨다. 북한에서 안내해 준 호텔에서 투숙하게 되었는데, 목사님들 중 누군가가 북한 호텔 방마다 몰래카메라를 설치해 두었다며 행동이나 말에 조심하라고 일러주었다. 다음 날 아침 서로 잘 주무셨냐고 물어보았다. 그랬더니 북한군이 몰래카메라를 설치해 두었다는데, 편히 잘 수 없다고 볼멘소리를 했다. 무리 중에서도 연세 많으신 목사님께, 목사님은 어떻게 주무셨냐고 여쭈니, 그 목사님의 말씀이 좌중을 웃음으로 압도했다. 빨갱이들이 보고 있는데, 어떻게 옷을 벗을 수 있느냐며 양복 입고 그대로 주무셨다고 했다.

사람이 보고 있다는 의식만으로도 우리 삶은 달라질 것이다. 악인들은 하나님이 없다고 믿기 때문에 그들 마음대로 산다. 그것은 당연하다. 그렇다면 신자임에도 우리 탐욕대로 말하고 살아가는 이유는 무엇 때문인가? 우리는 말하고 싶은 대로 말한다. 우리가 하는 싶은 대로 행동한다. 그것은 하나님을 경홀히 여기는 태도이다. 하나님을 사람만큼도 의식하지 않는 까닭에 우리 정욕대로 사는 것이다. 하나님을 우리 주인으로 인정하기 싫어하는 것이며 하나님을 애써 외면하여 내 마음대로 하려는 거짓된 삶이다. 하나님 앞에 서라는 신전의식의 삶이 회복될 때 신자의 거룩함을 지켜갈 수 있다.

2. 다른 사람 상관 말고 계속 성장하고 있는지 점검해야 한다.

> 내가 네 사업과 사랑과 믿음과 섬김과 인내를 아노니 네 나중 행위가 처음 것보다 많도다(19절).

이 구절의 좀 더 정확한 번역은 "내가 네 사업을 칭찬하노니 즉 사랑, 믿음, 섬김, 인내라는 사업에 대해 내가 알고 있다"이다. 첫 번째 두 가지 사랑과 믿음은 동기이다. 그리고 다음 두 가지 섬김과 인내는 행위이다. 두아디라 교회는 사랑이 있었기에 섬기는 모습으로 넘쳐났다. 또 믿음이 있었으므로 인내하는 삶을 살았다. 어떤 분은 인내가 소망에서 비롯되므로, 두아디라 교회는 믿음, 소망, 사랑 모두 다 있는 교회였다고 말하기도 한다.

그런데 더 반가운 일은 이런 덕목이 시간 지나면 지날수록 더욱 넘치고 풍성하더라는 것이다. "네 나중 행위가 처음 것보다 많도다"(19절 하)라고 하였다. 두아디라 교회는 "처음보다 나중이 더 나은 교회"였다. 신앙생활 하다 보면 놓치기 쉬운 것이 그리스도인의 생활은 점진적으로 성숙해야 하며 발전적이어야 한다는 점이다. 다시 말해 신앙이 자라나 처음보다 나중이 더 좋아야 한다. 복음서에 나오는 말씀들을 하나하나 생각해 보라. 겨자씨는 눈으로 확인하기 어려울 정도이지만, 점점 커져서 새가 깃들일 정도가 된다. 이 말씀에는 다른 뜻과 교훈이 담겨있지만, 주님이 신자의 신앙 성숙과 그것에 맞는 열매 맺길 기대하고 있음도 발견할 수 있다. 또한 신약 서신서 전체는 잘못된 교훈으로부터 교회를 지킴과 동시에 신자의 성장, 그리스도의 장성한 분량에 이르기까지의 성숙을 촉구하고 있다.

그러나 어떻게 된 일인지, 성숙하는 것을 두려워하고 마다하는 사람들이 있다. 교회 생활은 오래 했으나, 늘 같은 신앙의 수준에 있는 것을 더 기뻐하고 원하는 사람들 말이다. 그들은 신자이면서도 자신이 성숙하고 발전하며 어쩌나 걱정하는 듯하다. 성숙하고 발전하면 교회에서 뭔가를 맡아야 하고 다른 사람을 책임져서 자기 생활이 복잡해질 것 같아서 피한다. 신앙생활을 시작한 지가 오래되었음에도, 10년 전이나 5년 전이나 여전히 변함이 없다. 어제나 오늘이나 영원토록 동일하신 예수님을 잘못 적용한 탓에 자신도 영원토록 성장하지 않는 동일함을 지키려고 한다. 얼마나 자주 삐지고 상처 입는지 무슨 말을 할 수 없고 제대로 지도할 수가 없다. 이들에게 일종의 역사서가 있다. 그 역사서란 과거의 일을 계속해서 우려먹는 일이다. 지나온 모든 일들을 줄줄이 꿰고 있다. 그러면서도 정작 성숙한 삶으로 다른 사람을 섬기며 인내하느냐 하면 그렇지 않다. 이 부류의 사람들은 오히려 칼과 도마를 필수품으로 가지고 있다. 누가 조금이라도 자기 마음에 들지 않으면 도마질을 하고 회를 뜬다. 심판관으로 자처하고 있다. 하나님이 찾으시는 신자의 모습이 아니다.

사도 요한은 "자녀들아, 아이들아, 청년들아, 아비들아"(요일 2:12)라고 부르면서 그들을 교훈한다. 호칭은 다르나, 이들 공통점은 모두 그리스도인이다. 같은 그리스도인이지만, 영적 성숙의 정도에 따라 각기 다르게 불리고 있다. 이는 우리가 예수 그리스도의 새 생명을 얻은 자라면, 자녀에서 아이로, 아이에서 청년으로, 청년에서 아비로 영적 성숙을 향해 자라가야 함을 암시하고 있다. 신자는 처음보다 나중이 더 좋은 자가 되어야 하고 더 훌륭한 인격의 사람이 되어야 한다. 당황스러운 것은 이런 점이다. 처음에는 간도 쓸개도 다 줄 것 같은데, 한 가지 일로 철천지 원수가 따로 없다는 듯 돌변하는 태도이다. 아홉 가지 잘한 것이 아무 소용없고 부족한 한 가지가 모든 것을 절단 내고 만다.

목장 인도자가 깜박 잊고 자기 목장원에게 교회에서 준비한 여행에 함께 가자는 전화를 안 했다. 물론 교회에서는 전 교인에게 다 광고를 했다. 이 목장원은 목장 인도자가 연락하지 않아서 그 여행에 갈 수 없었다고 서운해한다. 지나쳐 갈 때마다 찬바람이 쌩쌩 분다. 급기야 교회를 떠나느니 마느니 한다. 예수 믿은 지 얼마 안 되는 사람이 아니다. 왜 그럴까? 자라지 않으면 고인물이 된다. 고인물이 되면 썩은 물이 된다. 썩은 물은 해롭다. 다른 사람 말 할 필요가 없다. 나 자신이 한결같아야 하고, 작은 예수가 되기 위해 몸부림해야 한다. 시간이 지나면 지날수록 더 멋있는 사람, 사랑이 더 풍성한 사람, 믿음과 인내가 더 많은 사람, 처음보다 나중이 더 나은 신자라는 칭찬 들을 수 있어야 한다.

3. 돈이 아니라 주님이 우리를 기르신다고 확신하는지 점검해야 한다.

그러나 네게 책망할 일이 있노라 자칭 선지자라 하는 여자 이세벨을 네가 용납함이니 그가 내 종들을 가르쳐 꾀어 행음하게 하고 우상의 제물을 먹게 하는도다(20절).

이세벨은 북이스라엘의 악한 왕 아합의 아내였다. 그녀는 북이스라엘 백성을 바알숭배로 끌고 가기 위해 적극적인 정책을 펼쳤다.

1) 하나님의 모든 선지자들을 눈에 띄는 대로 철저히 박멸했다.
2) 바알 선지자들을 많이 두어 적극적으로 백성을 교화시켰다.

이세벨이 두아디라 교회에 있었다는 말이 아니라, 그와 같은 교훈이 있었다는 상징이다. 하나님과 세상 원리를 혼합시켜서 신자들이 주변 이방인들의 행위를 본받도록 타락시켰다. 즉 물질은 악한 것이므로 육체는 어떤 일을 해도 영에는 아무런 해악을 끼칠 수 없다는 마귀적이요 사탄적인 교훈을 두아디라 교회 성도 일부가 용납했다는 것이다.

20절에 "용납"이라는 말은 관용했다는 뜻이다. 사탄적인 가르침에 관대하고 너그럽게 대했으며, 최소한 그대로 둔 채 보고만 있었다는 말이다. 두아디라 교회는 하나님이 관용하지 않고 사랑하지 않는 것을 사랑했고 관용했다. 이세벨의 흉악한 가르침에 미혹된 이유가 있다. 두아디라는 상업의 중심지였다. 그러다 보니 많은 수의 협동조합 형태의 경제조직이 발달하였고, 상인들은 협동조합에 하나 이상 속해야만 경제활동을 할 수 있었다. 문제는 협동조합을 중심으로 축제가 벌어지는데 이 모든 축제의 핵심은 우상 숭배였다. 그리고 방탕과 음탕한 일들을 행함으로 축제가 마무리되었다. 상인들의 협동조합을 거부한다면 그것은 신용과 사업의 상실을 의미했다. 이런 이유로 두아디라 교회가 도덕적으로 타락한 절대적 이유는 경제 문제였다. 그들은 살기 위해선 그 정도는 괜찮다고 스스로 안위했던 것이다.

우리가 궁극적으로 추구하는 것이 무엇인지 생각해 보라. 자녀들에게 요구하는 것이 무엇인지 면밀히 따져보라. 돈만 있으면 된다는 생각이 우리 자신과 우리 가정과 교회를 이 지경으로 만들었다. 경제문제만 해결되면 다 해결된다는 것은 언제나 거짓이다. 편리하기는 하나, 사람은 돈으로 만족할 수도 행복할 수도 없다. 윈스턴 처칠은 돈을 기준으로 사람을 세 부류로 나눈 적이 있다. 빚에 시달리다 죽는 사람, 늘 노심초사하다 죽는 사람, 지겨워하다가 죽는 사람이다. 그러나 이 세 종류의 사람에게 동일한 것은 돈이 그 사람에게 주인노릇 하고 있다는 것이다. 그리고 돈이 주인 노릇 하는 사람에게는 얼마가 있든 상관없이 결국 실패한 인생으로 마감한다는 사실이다. 돈이 신자의 목자가 아니다. 돈이 우리의 삶을 풍성하게 하는 것이 아니다.

그러나 주님께서 자신을 어떻게 소개하는지 다시 한번 보라. "하나님의 아들"(18절)이라고 하셨다. 여기서 "하나님의 아들"은 다니엘 3장에서 풀무불에 던져진 다니엘의 세 친구를 건져 살게 하신 예수님을 말한다. 이방 세계와 풀무불로 둘러싸인 박해 가운데서 다니엘과 세 친구들, 그리고 이스라엘 백성을 지켜주신 분은 하나님의 아들 예수님이셨다. 이스라엘 백성이 정치나 경제적인 활동, 기타 인간관계를 잘 맺어서 살아남은 것이 아니었다. 하나님의 아들이신 예수님께서 그들을 보호하셨기에 살 수 있었다. 그와 동일하게 "하나님의 아들"이신 예수님이 두아디라의 성도들을 고난과 박해, 괴로움 가운데서 보호해 주신다는 것이다. 경제적 손실과 어려움의 위기에서 예수님만이 어려움을 이겨내도록 도우시는 분이라고 확신시켜 주신다.

히브리서 기자는 "내가 결코 너희를 버리지 아니하고 너희를 떠나지 아니하리라 그러므로 우리가 담대히 말하되 주는 나를 돕는 이시니 내가 무서워하지 아니하겠노라 사람이 내게 어찌하리요 하노라"(히 13:5b~6)라고 하셨다. 사람에다가 뭐든 넣어보라. 돈, 환경, 권세 등 말이다. 우리 구주이신 예수님께 우리의 인생을 다 드린다면 우리의 참다운 행복과 기쁨을 얻게 될 것이다. 돈이 아니라 주님이 우리를 먹여 살리신다. 우리의 전 생애를 주님이 책임지고 인도하신다. 주님 앞에 거룩하지 못한 것에 철저히 회개하고 주님 인도를 기꺼이 받도록 하라.

경건

알래스카의 도시 놈(Nom)은 북극의 다른 마을처럼 '얼음 스펀지' 같은 툰드라 위에 서 있다. 그곳에서는 장사 지내기도 힘들고, 쓰레기 매립시설도 없다. 또 집 앞에 내놓은 쓰레기들을 트럭이 거두어 가지도 않는다. 그 대신 부서진 그릇 세척기, 고물차, 폐휴지, 목재들, 그리고 쓸모없는 쓰레기가 365일 앞마당에 쌓여 뒹군다. 그렇지만 걱정 없다. 일 년 중 아홉 달은 흰 눈이 쓰레기를 덮고 있어 아름답고 깨끗해 보인다. 하지만 여름에 그곳에 간 사람들은 기겁한다. 눈 속에 숨어 있던 쓰레기가 드러나기 때문이다.

천연두가 유행하던 중세에는 천연두로 생긴 얼굴 자국을 감추기 위해 화장을 진하게 했다. 그럴 경우 겉으로 보기에는 멀쩡하지만, 실상 속은 겉과 다르다. 심지어 속은 썩었거나 상당한 문제 덩어리가 있다. 사람도 표리부동한 자가 있다. 교회도 그런 교회가 있고, 신자라고 하면서 그런 신자가 있다. 사데 교회가 바로 이런 교회였다.

사데 교회를 겉으로 보자면, "살았다 하는 이름"을 가진 교회였다. 활기차고 힘이 넘치며 매력적인 모습의 교회였다. 교회는 계속해서 발전하고 있었으며, 이웃의 교회들이 사데 교회의 명성을 알 정도였다. 에베소 교회, 서머나 교회, 버가모 교회, 두아디아 교회에 있던 니골라 당이라든지 발람의 가르침, 이세벨의 교훈 등의 문제가 사데 교회에는 없었다. 당연히 성도들의 교제 가운데 거짓된 교리가 있지 않았다. 그뿐만이 아니라 그 시대에 비해 모여든 회중의 규모가 컸다. 교회 안에 필요한 요소들이 잘 갖추어져 있었고, 재력과 재능의 인재들이 많았다. 지금으로 말하자면 교회 시설과 프로그램이 훌륭하고 매 주일마다 사람들로 가득 차 있었다. 거의 모든 면에서 부족함이 없는 교회, 소문이 자자하고 어느 지역을 대표할만한 교회, 주목하여 탐방할만한 교회를 꼽으라면 그것은 사데 교회였다.

누구라도 이러한 사데 교회의 매력적인 모습을 닮고 싶어 할 것이다. 그러나 주님은 우리 기준과 다르게 사데 교회를 평가하셨다.

> 내가 네 행위를 아노니 네가 살았다 하는 이름을 가졌으나 죽은 자로다(1절).

예수님은 사데 교회의 영적 상태에 대해 냉정하고 혹독할 정도로 "죽은 자이다"라는 한 마디로 정리하셨다. 여기에 나오는 "이름"의 다른 표현은 "명성", "평판"이다. 사데 교회에 대한 세간의 평판은 자자했으나, 실은 "죽은 자"라는 것이다. 예수님 시대의 종교인들은 사람들에게 매우 경건한 자들이라고 존경을 받았다. 그들은 길거리 어귀에 서서 기도하고 금식하였으며, 구제하는 것을 사람들이 알았기 때문이다. 하지만 예수님은 그들을 간단하게 평가하셨다. "회칠한 무덤", "평토장 한 무덤", "외식하는 자들", "독사의 자식들"이라고 말이다.

사람들은 좋게 보이려거나, 유리한 쪽으로 자기를 소개한다. 그렇게 해서 잠시 좋은 평가를 받을 수 있다. 하지만 계속 그럴 수는 없다. 링컨은 "모든 사람들을 잠깐 동안 속이거나, 소수의 사람들을 영원히 속일 수는 있다. 하지만 모든 사람들을 영원히 속일 수는 없다"라고 했다. 그럴듯한 모습으로는 사람도 영원히 속일 수는 없다는 것이다. 어느 신문사 회장이 운명했다는 기사가 난 적 있었다. 밑에 이런 글이 남겨 있었다. "잘 죽었다!" "네 무덤에 침을 뱉어주마" 그 분이 가지고 있었던 모든 사회적 명예와 부는 온데간데없고, 과거 친일(親日)과 군사정권에 빌붙어 살았던 것에 대한 반성 없는 삶을 한마디 말로 정리해 주는 표현이었다.

우리도 다른 사람을 외적인 조건만으로, 외모, 돈, 성공 등으로 평가하지 않는다. 그의 실제 모습으로 평가한다. "그 사람 어때?"
라고 물어보면, "저 친구, 개구려!" 한 마디 말로 끝낸다. 여러 말이
필요 없다. 어느 때는 고개를 절레절레 흔들어서 말조차 필요 없는
경우도 있다. 물론 이해관계로 왜곡되게 평할 수 있다. 아무튼 몇
마디 말이면 충분하다. 사람들에게도 영원히 꾸밀 수 없다면, 주님
께는 더 말할 필요가 없다. 하나님은 외모를 보지 않고 중심을 보
신다. 하나님은 중심을 본다고 하시면서 다윗을 왕으로 선택하셨
다. 베드로는 "외모로 보시지 않고 각 사람의 행위대로 심판하시
는 이를 너희가 아버지라 부른즉 너희가 나그네로 있을 때를 두려
움으로 지내라"(벧전 1:17)고 권면한다.

하나님은 겉모양만을 보는 분이 아니라는 것이다. 사람의 진짜
행위를 보신다. 하나님의 평가는 사람과 같지 않다는 것이 신자에
게 큰 위로와 용기가 된다. 하나님은 우리의 진심을 아신다. 하나
님은 부분만을 아시는 것이 아니라 시작부터 끝까지, 마음의 동기
까지도 다 아신다. 내가 왜 그와 같이 해야만 했었는지, 사람들에
게 말로 다 설명할 수 없어 답답하지만 하나님은 제대로 평가하
시고 제대로 처리하실 것이기 때문이다. 그러므로 설령 사람들이
"가난하다, 힘없다, 죽은 자 같다"라고 할지라도, 주님께는 단 한
마디를 듣더라도 "너는 부요한 자다, 나의 능력이 너의 것이다, 너
는 살아 있다"라는 인정과 칭찬 들어야 한다.

그러면 어떤 기준으로 사데 교회가 죽은 자라고 말씀하신 것일까?

"… 내 하나님 앞에 네 행위의 온전한 것을 찾지 못하였노니"(2절 하)라고 하셨다. 예수님의 기준은 언제나 "하나님 앞"이다. 주님은 사데 교회의 행위에서 온전한 것을 찾지 못하셨다. "온전하다"라는 말은 "채우다"라는 뜻이다. 온전한 것을 찾지 못했다는 것은 채워진 믿음의 상태가 아니라 속이 비어 있는 상태를 발견하셨다는 것이다. 겉으로 보기에는 활력 있게 보이고 매력적이나 실상 안을 들여다보니 텅 비어있었다. 여름에 좋은 수박이라고 해서 샀는데, 먹으려고 쪼개보니 안이 다 곯아 먹을 수가 없다. 무를 샀는데 잘라보니 바람 들어서 먹을 수 없는 경우가 있다. 홍합이라든지 혹은 대합을 먹으려고 힘들게 껍질을 열어보니 아무것도 없다. 그것이 온전한 것을 찾지 못했다는 뜻이다.

예수님께서 사데 교회를 보셨을 때, 그들은 속 비어 있었고 생명력이 있질 않았다. 겉으로는 하나님의 이름을 부르짖고, 종교적인 모양은 있었으며 매력적인 것도 있었다.

> 사람들은 네가 살아있다고 하나, 사실은 죽은 자와 다름없다(1절 하, 쉬운성경).

그들은 사람들의 평판에 만족하고 그것이 자신들의 실제 모습이라고 여겼다. 하지만 그 속에 하나님의 목적을 이루고자 하는 진정한 실천이 없었다. 하나님의 말씀이 자신의 실제 생활 가운데서 그대로 드러내려는 거룩한 욕심이 그들에겐 있지 않았다.

사데 교회는 다른 교회에 비해 핍박이 적었다. 로마 제국이 황제 숭배를 강요하지 않았고 유대인들로부터 핍박이 없었던 이유는, 그들에게 영적인 확신도 없고 미지근한 상태에 있었기 때문이다. 박해할 필요가 없었다. 당시 기독교는 로마 제국에 위협적인 집단이었지만, 사데 교회는 그럴만한 존재가 못 되었다. 에베소 교회를 비롯한 다른 교회에 있던 니골라 당이라든지 발람의 가르침, 이세벨의 교훈 등의 문제가 사데 교회에는 없다고 했다. 그 까닭은 이단이 들어올 수가 없을 정도로, 어떤 반응도 없는 미지근한 집단이었기 때문이다. 뭔가 반응을 보여야 이단이 해 먹더라도 해 먹을 수가 있는데, 사데 교회는 "아무것도 하기 싫다, 더욱 격렬하게 아무것도 하기 싫다"라고 한다. 심각하게 표현하자면, 알아서 죽어가고 있기에 마귀가 건드릴 필요 없었다. 그들은 영적인 빈사상태, 영적 무감각 상태였다. 교회에 대하여 이보다 더 모욕적인 평가는 없을 것이다.

다만 그들은 종교적인 형식을 갖추고 유지하는 것으로 만족해하고 있었다. 소위 명목상의 그리스도인들이었다. 그들의 겉모습이 실제 영적 모습은 아니었다. 경건의 모양은 있으나 경건의 능력은 부인하는 교회, 즉 외식하는 교회였다. 이와 같이 사데 교회의 특징을 가진 분들은 과거 신앙에 머물러 있다. 과거에 어떤 은혜를 체험했고 어떤 응답을 받았다고 말한다. 하나님의 은혜는 지금도 계속 역사하는데, 지금은 맹숭맹숭하다. 과거에 제자훈련도 했고 과거에 기도원도 갔다 왔고 과거에 금식도 했고 과거에 철야도 해 봤고, 과거 과거이다. 지금이란 시간은 단지 과거에 있었던 신앙 추억을 곶감 빼먹듯이 회상하는 것에 불과하듯, 하나님의 역사를 먼 옛날이야기처럼 취급한다. 또 사데 교회의 특징을 가진 사람들은 주변 인물들을 끌어들이다. 집안에 목사, 장로, 권사가 몇 명 있다고 말한다. 우리 집안 신앙이 4대 째라며 거품 문다. 그것이 외형적인 모습으로 만족하는 사데 교회였다.

하지만 우리가 주님으로부터 받는 평가는 그것들과 전혀 상관이 없다. 내 삶을 통해 하나님의 목적을 이루어드리려는 믿음의 실천 없이, 다만 외적인 모양으로 만족해 있다면 실상 죽었다는 평가를 받는다. 과거에 내가 어떤 은혜를 받았느냐는 중요하지 않다. 우리 집안이 어떤 신앙적인 배경 있느냐도 중요하지 않다. 어떤 직분을 가지고 있느냐도 중요하지 않다. 정말이지 하나님께는 전혀 중요하지 않다. 릭 워렌 목사님은 하나님 앞에 섰을 때 두 가지를 물으실 거라고 하였다. 하나는 "내 아들 예수와 너는 무슨 관계냐?"와 "내가 준 재능으로 어떤 사명의 삶을 살았느냐?"는 것이다. 지금 어떤 실천적 믿음을 행사하고 있느냐가 중요하다. 하나님을 신뢰함이 내 삶에서 어떻게 드러나느냐를 하나님이 귀하게 보신다. 바울은 "하나님의 나라는 말에 있지 아니하고 오직 능력에 있음이라"(고전 4:20)라고 하였다. 하나님은 외모가 아닌 중심을 보시기 때문이다. 신자는 경건의 능력이 살아있는 자이다.

그렇다면 죽어 있다고 하는 사데 교회에 주님은 무엇을 명령하시는가?

첫째, 나와 우리의 영적 상태가 깨어 있도록 해야한다.

> 깨어나라. 그리고 아직 남아 있지만 막 죽어 가는 자들을 굳건하게 하여라 …(2절 상, 표준새번역).

사데 지역에 있었던 사데 성(城)은 주전 6세기경 암반 산허리에 지어져 난공불락으로 불리었다. 그런데 난공불락의 이 성이 페르시아의 고레스 왕 때와 안티오쿠스 왕 때 기습 공격으로 함락 당했다. 결코 병력이나 전략 때문이 아니었다. 자신들의 성에 자만한 나머지 보초도 서지 않다가 당했다. 영적인 상황도 마찬가지이다. 긴장하고 있어야 하며 정신을 차리고 있어야 한다.

인류에 수많은 지뢰가 있듯, 영적 세계에서도 원수가 숨겨놓은 영적인 지뢰와 폭발물이 가득하다. 원수의 시험과 유혹이 나만큼은 봐주거나 피해 가지 않는다, 예외가 없다. 믿음을 가진 자들을 향해 성경은 시험에 들거나 믿음에서 떨어져 넘어지지 않도록 깨어있으라 일관되게 경고하고 있다. 육신의 정욕과 안목의 정욕과 이생의 자랑이 우리를 넘어뜨리려 한다. 사람의 인정과 평판이 우리의 진짜 모습이 아닐 수 있다고 경각심을 가져야 한다.

하지만 우리 자신이 깨어있음과 동시에 남은 바를 굳게 하여야 한다. 남은 바를 굳게 하라는 것은 교회의 모든 신자들이 허영이 아니라, 신앙의 진정한 것들을 붙잡도록 일깨우라는 것이다. 사데 교회 안에는 외적으로만 그럴듯한 신앙형태를 가진 자들이 많이 있었다. 하나님의 평가와는 상관없이 자기 잘난 맛에 사는 사람들이 다수를 이루고 있었단 말이다. 그런 교회임에도 주님은 깨어있는 자들에게 교회를 떠나라고 하지 않으셨다. 오히려 깨어있는 자로서 죽어가고 있는 저들, 영적으로 깊은 잠에 취해 파멸을 향해 치닫고 있는 그들을 흔들어 깨우라는 것이다. 기도로, 말씀으로, 권면으로, 사랑으로 깨우라는 것이다. 가만히 있지 말라고 하셨다.

하나님은 깨어 있는 자들을 통해 교회를 새롭게 하시며 은혜를 부어주길 원하신다. 설령 교회 공동체가 연약해져 있더라도 깨어 있는 자들을 통해 하나님의 부흥을 주시고 역사하신다. 2005년

12월 26일에 지진해일인 쓰나미로 수십만 명이 목숨을 잃었다. 그런데 인도양 한가운데 위치한 5개 마을은 쓰나미에 단 3명의 희생자만 있었을 뿐, 주민 1,500명이 목숨을 구했다. 그 까닭은 테레사 군도에 사는 압둘 라작이라는 사람은 심해지진, 바다속 화산활동, 초대형 암석추락 등으로 전망대가 크게 흔들리는 것을 느꼈다. 그 즉시 라작은 동료에게는 자신의 오토바이를 타고 각 마을에 다니며 대피할 것을 말하도록 당부했고, 자신은 수상 제트스키를 이용해서 무방비 상태의 마을 사람들에게 외쳤다. 자신만이 아니라 빈사상태의 잠든 영혼을 깨워 함께 일어나야 한다.

둘째, 성령을 좇아 살라고 하셨다.

> 그러므로 네가 어떻게 받았으며 어떻게 들었는지 생각하고 지켜 회개하라 …(3절 상).

이는 복음과 더불어 성령님의 역사를 말한다. 즉 진리를 통해 역사하시는 성령님의 활동을 회복하라, 성령 충만하라는 권고이다. 성령님은 말씀의 능력이 어느 정도인지 우리에게 확인시켜 주길 원하신다. 그것은 성령님의 인도에 따라 담대히 믿음으로 사는 것이다. 성경이 말씀하는 믿음은 언제나 활동적이고 정열적이다. 천국은 침노하는 자의 것이라고 하였다. 믿음은 저절로 작동되는 조절장치가 아니다. 믿음의 실행이란 내가 의지를 가지고 그것을 나의 상황 속에서 적용하는 적극적인 태도를 말한다.

믿음을 사용하지 않으면 머릿속에서만 있을 뿐 아무런 능력이 없다. 관념 속의 믿음은 신자를 오히려 황폐하게 만든다. C. S. 루이스는 "기독교 신앙을 잃은 사람 100명을 조사해 보면 정당한 논증에 설복되어 믿음을 버린 사람이 얼마나 될지 의아스럽다. 그냥 떠밀리는 사람들이 대부분 아닐까?"라고 하였다. 그냥 떠밀리는 사람들이란 믿음을 실제적으로 사용하지 않는 사람들이다. 성령님께서 깨닫게 하신 말씀을 실험해 보고 실천해 보라. 흔히 "잠은 잘수록 늘고 힘도 쓸수록 늘어난다"라고 한다. 믿음의 실천도 같다. 일반적으로 모든 믿음의 거장들은 상당히 평범한 사람들이었다. 그들 중 누구도 그러한 부르심을 감당할 만큼 대단한 은사를 받지 못했다는 공통점이 있다. 그와 같이 평범한 분들이 어떻게 비범한 일을 이룰 수 있었느냐, 하나님의 부르심과 말씀 앞에 오늘-지금 "네"라고 답했고 그에 따르자, 그로 인해 역사가 일어났다.

하나님의 인격을 신뢰함으로 따를 때, 껍데기 신자가 아닌 경건의 능력을 소유한 자가 된다. 임마누엘의 하나님, 동행해 주시고 간섭해 주시는 하나님을 더 잘 알게 된다. 과거 은혜를 우려먹는 일이랑 그만두라. 외형적인 모양이나 사람들의 인정으로 스스로 만족하려는 마음도 걷어치우라. 나 자신이 허영과 세상 자랑에 잡혀 있지 않도록 영적으로 각성할 뿐 아니라, 다른 사람을 깨우고 성령의 인도에 따라 살아가길 간절한 마음으로 소원하라. 경건의 능력이 살아있는 신자가 주님 동행의 은혜를 깨닫는다.

인내

한 기독교 잡지에 이런 이야기가 실려 있었다. 두 형제가 있었는데, 형은 복음에 전적으로 헌신한 사람이었다. 그는 오지로 가 평생을 선교사로서 삶을 살았다. 그의 사역으로 예수를 알지 못했던 사람들이 돌아오게 되었다. 선교사 형은 세상에서 유명한 사람은 되지 못했다. 그의 동생은 조그맣게 사업을 했다. 그 역시 주님 사랑하여 섬겼다. 형과 같이 선교사로 헌신하지는 않으나, 자기 사업을 열심히 해서 형편이 되는대로 형에게 선교비를 지원해 주었다. 그야말로 평범한 삶을 살았다. 그리고 두 사람은 때가 되어 주님 나라에 들어갔다. 하나님께서 선교사 형을 부르시면서 "잘했다 충성된 종아"라면서 "내가 너에게 열 고을을 맡기겠노라"라고 하셨다. 이번엔 사업하던 동생을 부르셨다. 형이 동생에게는 어느 정도 맡겨주시려나 생각했다. 하나님께서 동생에게 "잘했다 충성된 종아"라면서 "내가 너에게 열 고을을 맡기겠노라"라고 하셨다.

형이 깜짝 놀랐다. 그러면서 하나님께 "하나님 이게 어찌 된 일입니까!"라고 감격스러워했다. 그리고는 동생과 함께 손을 잡고 기뻐 하나님께 감사 찬양 드렸다. 하나님은 선교사로 나가서 헌신한 형과 평범한 삶 속에서 믿음을 지켜 간 동생을 동일하게 상 주신 것이다. 이야기이지만, 하나님다우심을 잘 표현해 냈다고 확신한다. 사람들은 세상이나 사회나 어떤 사람들의 기준에 따라 크다 작다, 많다 적다, 높다 낮다, 중요하다 중요하지 않다 등으로 구분 짓길 좋아한다. 하나님께도 기준이 있다면, 그것은 사람들의 것과는 다르다. 하나님께는 일과 직책과 역할의 다름에 관한 것이 아니라, 어떤 시간이든 어떤 장소이든 어떤 일이든 그것에 어떻게 했느냐가 중요하다.

많은 사람이 자신의 역할과 일에 회의를 갖는다. "지금 하는 일이 정말 가치 있는 것인가, 내가 해야 하는 일이 어떤 의미가 있는가, 나는 과연 주님의 거룩한 사역에 참여하고 있는가, 선한 영향을 미치고 있는가"라는 거듭된 질문으로 반복된 회의에 빠지곤 한다. 이러한 현상은 신앙이 좋다고 하는 그리스도인들이나 교회에 더 많이 있다. 그러나 이와 같은 생각은 빌라델비아 교회에 대한 예수님의 칭찬에 의해 깨트려진다.

볼지어다 내가 네 앞에 열린 문을 두었으되 능히 닫을 사람이 없으리라 내가 네 행위를 아노니 네가 작은 능력을 가지고서도 내 말을 지키며 내 이름을 배반하지 아니하였도다(8절).

빌라델비아 교회에 대한 예수님의 소개는 "작은 능력으로 큰 역사를 이룬 교회"였다. "작은 능력"은 "능력이 거의 없는"이라는 뜻이다. 빌라델비아 교회는 구성원 수자적으로도 매우 적었다. 사회적으로 유명 인사나 부유한 사람은 없고 도시의 하층민들이 대부분이었다. 외적으로 볼 때, 그 도시에 영향 줄만한 교회가 아니었다. 이 교회가 어떤 어려움을 겪었는지, 어느 정도의 고통을 겪었는지 자세히 나와 있지 않다. 그러나 이들은 정치적이며 사회적으로 어려움을 겪은 것이 분명하다.

보아라, 내가 사탄의 무리에 속한 자들을 네 손에 맡기겠다. 그들은 스스로 유대 사람이라고 하지만, 사실은 그렇지 않고, 거짓말을 하는 자들이다. …(9절 상, 표준새번역).

자칭 하나님의 백성 유대인이라고 하는 자들이 로마로부터 받을 수 있는 혜택과 보호를 그리스도인들은 받지 못하도록 방해했다. 자신들만이 하나님의 백성이므로 그리스도인들은 가짜라고 하였다.

그래서 회당에 들어오지 못하도록 회당 문을 굳게 닫아두었다. 사회와 민족으로부터 소외되어 불안정한 삶을 살 수밖에 없었다. 교회는 그에 대해 대항할만한 힘이 없었다. 그럼에도 불구하고 빌라델비아 교회는 자기들 형편이 별 볼일 없다고 낙심하지 않았다. 오히려 환난과 치욕을 인내로 감당했으며 주님께 대한 고백을 신실하게 지켜왔다. 왜냐하면 주님께서 그들에게 열린 문을 두셨기 때문이다. 이는 예수 그리스도의 은혜와 십자가 능력을 드러낼 수 있는 문이 그들 앞에 열려 있게 하셨음을 믿었다는 뜻이다. 나의 능력에 따라 문이 열리고 닫힌 것이 아니다. 주님이 이미 열린 문을 주셨다. 미약한 능력일지라도, 두드러지진 않았을지라도 이것을 믿음으로 섬기는 삶을 살았다.

우리가 기대하는 열린 문과 얼마나 다른지 보라. 우리는 내가 원하는 대로 이루어지고 하고 싶은 대로 할 수 있고 내 기대 이상으로 성과를 거두는 것만을 열린 문이라고 생각한다. 그렇게 되어야 나는 그리스도인으로서 세상에 영향을 줄 수 있다고 믿는다. 내가 가진 복음에 누구라도 반박하면 입이 꿰매지는 역사가 일어나고, 기도한 바대로 척척 이루어진다. 나에게 감히 대항할 틈조차 주지 않을 만한 사람이 되어야 한다고 생각한다. 그래서 학력도 괜찮고, 직장도 괜찮고, 배우자도 괜찮고, 집안도 괜찮고, 외모도 괜찮길 바란다. 세상 사람들이 들이대는 조건과 잣대로 우리를 아무리 아래위 훑어보고 둘러봐도 공격할 데가 없다고 두 손 들어 포기하게 할 만한 것들을 바라고 있다. 세상 사람들이 가진 성공과 안락과 즐거움보다 더 수준 높은 것을 가졌다고 평가받을 때, 주님께서 우리에게 열린 문을 주셨다고 인정하려고 한다.

그러나 우리 집안과 나의 형편을 보니, 할 말이 없다. 괜찮다고 인정할 만한 것이 하나도 없기 때문이다. 집안도 구리다. 학력도 구리다. 직장도 구리다. 외모도 그저 그렇다. 그래도 괜찮은 것이 있나 눈 씻고 찾아보려야 찾을 수가 없다. 나와 관련된 것들을 자세히 들여다보면 볼수록 짜증만 난다. 그래서 주님께 "뭘 주셨습니까? 뭐라도 주셔 놓고 이것 해라, 저것 해라고 하실 수 있는 것 아닙니까! 괜히 저 건들지 마십시오"라고 말한다. 그럴듯하게 할 수 있는 일이 아무것도 없다는 것이다. 주님이 필요한 능력, 우리 마음에 만족스러울만한 것들을 주지 않으셨다고 믿기 때문이다. 사실상 주님의 열린 문이 우리 능력의 근원이 아니라, 내가 가진 배경과 소유와 직책이 영향력의 근거가 되고 있다.

하지만 주님께서 칭찬하신 빌라델비아 교회의 작은 능력을 보라. 그 작은 능력으로 "인내의 말씀을 지켰다"(10절)라고 말씀한다. 하나님의 말씀은 신자에게 인내를 요구한다. 그것은 환난과 핍박, 혹은 순교당할만한 상황에서의 인내만을 말하는 것이 아니다.

신자 생애 가운데 그럴만한 상황은 거의 없거나 매우 짧은 순간에 불과할 수 있다. 하지만 어떤 사건이라든지 경천동지 할만한 것에서만 인내가 필요한 것이 아니다. 세상과 원수와 죄가 하나님의 말씀을 간직하지 못하고 흘려보내게 한다. 인내의 말씀이란 평상시 하나님 말씀이 정상적으로 작용할 수 없게 하는 유혹으로부터의 인내를 말한다. 그러니 매 순간순간 인내가 필요하다. 우리의 신앙을 뒤흔드는 것은 큰 사건이 아니라 자주 대해야만 하는 사람과 현장일 가능성이 높다.

우리가 은혜받고 성령 충만할 때, 놀라울 정도로 마귀의 역사가 기다리고 있음을 경험한다. 부부 싸움을 할 때나 사람이 미워질 때가 어느 경우인지 생각해 보면 알 수 있다. 우리가 기도하고 은혜받았다고 한 그 직후이다. 교회에서 말씀 듣고 기도 열심히 하고 집에 갔다. 집에 들어서는 순간, 웬수가 나타난다. 집에서 나자빠져 뒹굴 거리는 작은 웬수가 보인다. 들어가자마자, 무슨 걸신이 들렸는지 소주 까놓고 밥 차려 달라고 하는 큰 웬수가 있다. 아니면 새로운 마음, 새로운 다짐으로 월요일에 직장에 갔다. 와~ 직장에 웬수들이 깔려 있다. 그때 마음을 지키기 쉬운가 어려운가? 결코 쉽지 않다. 막 해대고 싶다.

주님께서 우리에게 기대하시는 작은 능력인 인내의 말씀은 평상시의 삶, 일상생활에서 요구되는 것임을 알아야 한다.

1 그러므로 그리스도 안에서 여러분에게 어떠한 격려나, 사랑의 어떠한 위로나, 성령의 어떠한 교제나, 어떠한 동정심과 자비가 있거든, 2 여러분은 같은 생각을 품고, 같은 사랑을 가지고, 뜻을 합하고, 한 마음이 되어서, 나의 기쁨이 넘치게 해 주십시오. 3 어떤 일을 하든지, 다툼이나 허영으로 하지 말고, 겸손한 마음으로 하고, 서로 자기보다 남을 낮게 여기십시오. 4 또한 여러분은 자기 일만 돌보지 말고, 서로 다른 사람들의 일도 돌보아 주십시오. 5 여러분은 이런 태도를 가지십시오. 그것은 곧 그리스도 예수께서 보여 주신 태도입니다(빌 2:1~5, 표준새번역).

사도 바울은 주님 은혜로 우리 안에 격려와 사랑의 위로와 성령의 교제와 동정심과 자비가 있거든 조심하라고 하였다. 왜 조심하라는 것일까? 그 말씀의 은혜를 흘려보내게 할 만한 일들이 수두룩하기 때문이다. 생활 현장에서 너의 고상한 뜻에 동조하지 않는 무리들이 태반이다, 그것을 우습게 여기는 이들도 많다, 거룩한 뜻을 파선시키는 환경 암초, 인간 암초들이 많다, 그럴 때 그들과 싸우려고 하지 마라, 대신 예수께서 보여 주신 태도를 취하라고 하신다. 어떤 태도? 하나님을 향한 나의 열정과 진심을 사람들이 몰라준다. 협조하지 않는다.

그러면 우리 눈알이 "이런 4가지들"라면서 아래위로 양 옆으로 굴려진다. 주님을 향한 고상하고 거룩한 뜻도 모르는 형편없는 것들이라며, 그들을 죽이려고 한다. 우리는 다른 이들을 살리고자 여기 있는 것인데, 도리어 죽이려고 하지 말라는 것이다. 대신 그리스도께서 자기를 낮춰 십자가를 짊어지심 같이 하라고 하신다.

> 너희가 피곤하여 낙심하지 않기 위하여 죄인들이 이같이 자기에게 거역한 일을 참으신 이를 생각하라(히 12:3).

막 해대고 싶은 말을 참는 것이다. "눈멀고 귀먹은 등신아"라고 하지 말라는 것이다. 그렇게 해서 네 안에 있는 거룩한 말씀과 뜻과 하나님의 비전이 땅바닥에 쏟아지지 않도록 주의하라고 하신다. 마귀가 그렇게 되길 기다리고 있다.

그러나 빌라델비아 교회는 평상시 인내의 말씀을 지켰다. 거룩하신 은혜와 말씀과 그분을 향한 사랑이 땅에 쏟아지지 않도록 이겨냈고 승리했다. 그것을 하나님은 귀히 여겨 칭찬하셨다. 다른 사람 흉내 내려 하지도 말고, 다른 사람과 자신을 비교하려고도 하지 말라. 싸이라는 가수는 아이돌이 판 치고 있기에 주목받지 못했었다. 그가 다시 주목받을 수 있었던 이유는 한 음악인의 조언 때문이었다. 그 음악인은 "싸이의 음악적 매력은 무대에서 제대로 망

가지는 것인데 결혼하고 아빠가 되면서 음악적 매력이 사라지고 평범해졌다"라고 하였다. 한 마디로 아이돌이 대세인 틈에서 자기다워지지 못하고 다른 사람 되려고 하기 때문에 자기만의 음악 색깔을 내지 못한다는 것이었다. 이 일침에 자극받아 완성시킨 것이 "강남스타일"이다.

우리 신자의 성공은 우리다워지는 것에 달려 있다. 우리가 매 순간 마주 대하는 생활에서 인내의 말씀을 지키는 것이다. 예수께서 나만이 살아야 하고 나만이 십자가 능력을 드러낼 수 있는 열린 문을 내 앞에 두셨다는 믿음을 지키는 것이다. 다른 사람 때문에, 주변 환경 때문에 거룩한 은혜를 쏟아버리지 않도록 인내하는 것이다. "내가 가만히 있으니까 가마니인 줄 아나, 보자 보자 하니 보자기로 아나?"라고 하지 않아야 한다. 일의 성공이나 열매는 내가 아니라, 주님이 이뤄주신다.

이러한 빌라델비아 교회에 주님께서 어떤 약속을 주시는지 보라.

네가 나의 인내의 말씀을 지켰은즉 내가 또한 너를 지켜 시험의 때를 면하게 하리니 이는 장차 온 세상에 임하여 땅에 거하는 자들을 시험할 때라(10절).

시험의 때를 면하게 한다는 것은, 예수 믿는 자들에겐 환난 없는 삶을 살게 해 주겠다가 아니다. 환난은 신자들에게도 있다. 그러나 환난이 있을 때에 사람들은 시험에 빠지게 된다. 인내의 말씀을 지키지 못하는 자들은 여차하면 시험에 빠진다. 정함 없는 사람은 마음이 늘 요동하여 이래도 시험 저래도 시험거리 천지이다. 1년 전에 시험 들어 한 동안 뜸하다. 그러다가 다시 마음잡고 교회 나왔는데, 그때 어떤 사람이 "오랜만이야"라고 했다고 시험 들어 다시 안 나온다. 혹은 오랜만에 나왔는데, 아무개가 아는 척도 안 했다며 재수 없다고 시험에 든다.

그러나 인내의 말씀을 지킨 자들에게 비록 환난의 때이지만, 시험에 빠지지 않게 도와주겠다고 하셨다. 사도 바울은 "사람이 흔히 겪는 시련 말고는, 여러분에게 덮친 시련이 없었습니다. 하나님은 신실하십니다. 그분은, 여러분이 감당할 수 있는 능력 이상으로 시련을 겪는 것을 허락하지 않으십니다. 그분은 시련과 함께 벗어날 길도 마련하여 주셔서, 여러분이 그 시련을 견디어 낼 수 있게 하십니다"(고전 10:13, 표준새번역)라고 하였다. 같은 일을 겪더라도 어떤 사람에게는 절망이 되고 만다. 그러나 동일한 일, 동일한 경우라도 하나님이 도와주시는 사람은 그 시험에 걸리지 않는다. 그것이 시험으로 작용되지 않게 하시는 것이다.

우리는 많은 일들을 겪어왔다. 뒤돌아보면 헉~하는 소리가 절로 나는 일들이었다. 시어머니의 핍박, 원수 같은 일을 저지르는 배우자, 자녀들의 일탈, 가정 경제의 붕괴, 건강의 어려움 등등 그중 하나라도 감당하기 힘든데, 설상가상으로 여러 가지를 겹쳐 겪었다. "끔찍한 일이었지만, 그것을 이겨냈다. 그리고는 내가 그것을 어떻게 이겨냈지"라고 하면서 하나님께 감사하다고 고백한다. 하나님이 이기게 하신 것이다. 하나님이 시험거리로 작용되지 않도록 도와주신 것이 틀림없다. 그뿐만이 아니다.

시험을 면하게 해 주신다는 것은 수동적으로 극복하게 하신다는 뜻만 있는 것이 아니다. 그 시험을 통해 내 믿음의 사이즈, 영력의 크기가 달라지게 해 주시며 그 일을 통해 믿음의 역사를 이뤄가게 하신다는 약속이다. 바울과 실라는 빌립보에서 복음 전하다가 옥에 갇히게 되었다. 그것은 분명 환난이며 환난은 시험거리로 작용할 수 있었다. 하지만 하나님은 그들을 보호하셔서, 바울과 실라가 찬송할 마음을 주셨다. 찬송하니 어떤 일이 일어났는가? 옥문이 열리고 차꼬가 풀리는 기적이 일어났다. 게다가 자결하려던 간수장이 바울의 만류와 복음 증거로 그의 온 가족이 예수 믿는 은혜가 있게 되었다. 그리고 간수장의 가정은 바울이 빌립보 교회 개척하는데, 개척 멤버가 되었다. 환난이 승리가 되고 환난이 복이 된다. 예수 안에만 있는 아이러니, 역설의 은혜이다.

교육에서 가장 큰 어려움은 학습자의 실제 한계 때문이 아니라, 학습자가 생각하는 자기 한계 때문에 발생한다고 한다. 어떻게 해서 자신을 그와 같이 생각하게 되었는지 모르나, 이런저런 이유로 학습자는 희망보다는 절망을 품는다. 성공적인 인생을 살 수 없다고 믿는 일이 허다하다. 그래서 교육에서는 학습자에게 용기를 주고 배움에 관심을 갖게 해야 한다. 그리고 잘못된 해석으로 자기 스스로 정한 가능성의 한계를 없애주어야 한다는 것이다.

　　이와 같이 우리 스스로 가정환경으로, 혹은 어떤 사람으로 인해, 나 자신의 처지 때문에 신자로 살 수 없다는 거짓 한계를 주의 말씀으로 없애라. 다른 사람의 방식이나 기준에 따라, 내게는 신자로 살아갈 수 있는 문이 열리지 않았다는 원수의 속임수를 단호히 배격하라. 나는 어떤 선한 영향력도 행사할 수 없을 것이라는 무능력을 거절하라. 우리가 세상에서 어떤 성공을 거두고, 어떤 위치를 얻느냐는 주님께서 알아서 해 주실 문제이다. 우리는 다만 지금의 삶에서 신자로 인내의 말씀을 지켜 가는 것이다. 신자임을 잊지 않고 하나님께 속한 자답게 살려는 분투가 있어야 한다. 그때 우리는 주님의 돌보심을 더욱 확신하게 되며, 나를 더 큰 나로 세워주시는 은혜를 맛보게 된다.

부요

영국의 위대한 수필가 말콤 마거리지(Malcolm Muggeridge)는 명석한 두뇌를 가졌으나, 괴팍스럽고 별난 저널리스트였다. 천재적인 지식으로 모든 분야에 글을 썼으며, 신성모독적인 태도를 취하였다. 매사에 의기양양하고 좌절을 이겨냈으며 화려한 경력을 자랑했다. 그런 그가 노년에 회심한 뒤 이와 같은 글을 썼다.

저는 꽤 성공한 사람이라고 할 수 있을 겁니다. 사람들은 가끔 거리에서 저를 물끄러미 쳐다봅니다. 저는 국세청의 고액납세자 명단에 어렵지 않게 오를 수 있습니다. 성공입니다. 돈과 약간의 명성이 있으니 노인이라도 마음만 먹으면 유행하는 오락에 참여할 수 있습니다. 쾌락입니다. 가끔 제가 한 말이나 쓴 글이 상당한 주목을 받아 우리 시대에 상당한 영향을 끼치고 있다는 확신이 들기도 합니다. 성취감이지요. 하지만 분명히 말씀드립니다. 제 말을 꼭 믿어 줬으면 좋겠습니다. 이런 사소한 성공들을 각기 1백만 배씩 늘리고 그것을 모두 더해도, 그리스도께서 영적으로 목마른 자에게 주시는 생수 한 모금에 비하면 아무것도 아닙니다. 아니, 아무것도 아닌 것보다 못합니다. 적극적인 방해물이니까요. 나에게 자문해 봅니다. '인생에 있어 그 생수가 주는 상쾌함에 비할 만한 것이 무엇이 있으며, 과거와 현재와 미래의 어떤 업적이 있겠는가?'(D. A. 카슨의 '힘써 하나님을 알자'에서 인용)

말콤 마거리지의 글은 성공이라는 것이 과연 무엇인가를 생각해 보게 한다. 흔히 말하는 성공이 주님께서 주시는 것과 전혀 비교 대상이 될 수 없음을 알게 한다. 더불어 세상적인 성공들로 하나님께 인정받는 것도 아니며 받을 수도 없음을 깨닫게 한다. 그럼에도 어떤 신자들은, 세상적인 성공을 하나님께 인정받는 표식으로 삼으려고 한다. 흔히 말하는 성공이 없으면, 하나님의 사랑을 받지 못한 것으로 여긴다. 그의 내면적이라든가 영적인 부분이 어떻든 상관없이 성공만 있으면, 하나님께서 그를 특별히 사랑하신다고 착각한다.

이렇게 착각한 교회가 라오디게아 교회였다. 그들의 겉모습은 성공한 듯하고 부요하였다. 그러나 주님은 라오디게아 교회에게 가난하다고 말씀하신다.

볼지어다 내가 문 밖에 서서 두드리노니 누구든지 내 음성을 듣고 문을 열면 내가 그에게로 들어가 그와 더불어 먹고 그는 나와 더불어 먹으리라(20절).

이 말씀은 예수님을 모르는 자들이 아니라, 라오디게아 교회 신자들에게 하신 말씀이다. 이들은 주님을 문 밖에 세워두고 있다. 주님은 문 밖에 서서 그들 안으로 들어가길 원한다고 다급히 말씀하신다. 이상한 일이다. 라오디게아 교회의 상황은 이렇다.

네가 말하기를 나는 부자라 부요하여 부족한 것이 없다 하나 네 곤고한 것과 가련한 것과 가난한 것과 눈 먼 것과 벌거벗은 것을 알지 못하는도다(17절).

라오디게아 앞에는 히에라볼리라는 지역이 있어, 그곳으로부터 온천수가 흘러왔다. 그 온천수 때문에 라오디게아 지역 역시 관광지로 유명했다. 로마인들이 온천을 즐겨했다는 것을 알 것이다. 게다가 흑양모로 옷을 만들어 판매하는 상업이 성행하던 곳이었다. 패션의 중심지 파리와 같다고 할 수 있다. 뿐만 아니라 의과대학이 있어 안약을 만들었는데, 유명한 약이어서 세계로 수출할 정도였다.

관광, 패션, 과학, 상업의 중심지이니 라오디게아는 물질적으로 부유하고 점점 더 부유해지고 있었다. 이런 곳에 라오디게아 교회가 있다. 이에 따라 세상적인 관점으로 본다면 "우리는 부자다, 부족한 것이 없다"라고 할 만하다. 하지만 주님은 온갖 불쌍한 말들로 "너는 곤고하다, 가련하다, 가난하다, 눈멀었다, 벌거 벗었다"라고 하신다. "네가 보이런던이나 베이직하우스를 입었느냐? 그러나 너는 벌거벗었다. 샤넬 향수를 뿌렸느냐? 그러나 네게서 악취가 나는구나. 구찌 핸드백을 들고 롤렉스시계를 차고 있느냐? 그러나 너는 쓰레기 봉지를 들고 좋다고 하는구나. 페라가모 구두를 신고 있느냐? 그러나 너는 맨발로 다니고 있다. 페라리를 몰고 있느냐? 그러다 빨리 죽는다"라고 하시는 것과 같다.

그러나 이런 진짜 모습을 라오디게아 교회가 아느냐, 모른다. "알지 못하는도다"(17절)라고 하였다. 이것이 가장 큰 문제이다. 자기의 상태를 알지 못하면 개선할 길이 없다. 고칠 수 없을 뿐 아니라, 어느 순간 한 방에 훅하고 가게 된다. 이스라엘 백성이 멸망하게 된 이유는 그들의 육적 상태가 아니라 영적 상태를 바르게 알지 못했기 때문이다.

13 작은 사람에서부터 큰 사람에 이르기까지 누구나 돈에 욕심내고 있다. 예언자와 제사장들까지 모두 거짓말을 하고 있다. 14 내 백성

이 큰 상처를 입었는데도 그들은 아무렇지도 않게 여긴다. 평화가 없는데도 '평화, 평화' 하고 말한다. 15 그들은 역겨운 짓을 하고도 부끄러워할 줄 모른다. 수치를 알지도 못하고, 얼굴을 붉힐 줄도 모른다. 그러므로 그들은 쓰러질 것이다. 내가 그들에게 벌을 내릴 때에 그들은 멸망할 것이다. 나 여호와의 말이다(렘 6:13-15, 쉬운성경).

하나님의 말씀으로 가르쳐야 하는 선지자나 제사장들이 가르침 받는 백성들과 한 통속이 되어, 겉으로 잘 되니까 영적 상태도 괜찮다고 스스로들 속였다. 결국 그것으로 멸망하게 되었다.

빌 조지와 경영전략가인 피터 심스는 '왜 리더들이 길을 잃어버리는가'라는 글에서 많은 리더들이 어느 순간, 자신들의 진북이 어느 쪽인지 방향감각을 잃어버리고 그만 길에 이탈한다는 것이다. 그러면 왜 뛰어난 잠재력이 있는 사람들이 여전히 정상을 앞두고 길을 잃어버리는가?

리더들은 조금씩 조금씩 작은 성공에 사로잡히는 신세가 된다. 이들은 외부에서 찬사와 성공에 따른 보상을 받는다. 그것을 즐겨하면서 리더로서의 감각이 무뎌지고 자신의 상태를 제대로 깨닫지 못하면서 진북, 진짜 목적에서 벗어나기 시작한다는 분석이다. 자신의 진짜 상황을 모른 채, 어느 한순간 몰락하게 된다. 신자의 생활에서도 마찬가지이다. 주님의 평가대로, 자신의 상태를 바르게 알지 못한다면 그다음 단계로 나가지 못하며 생각지 못한 때 위기에 처할 수 있다. 우리를 향해 외치는 주님 음성을 통해 우리 영적 상태가 무뎌지지 않고 깨어있어야 한다.

주님은 라오디게아 교회에 진짜 부요한 자가 되라고 하신다.

> 내가 너를 권하노니 내게서 불로 연단한 금을 사서 부요하게 하고 흰 옷을 사서 입어 벌거벗은 수치를 보이지 않게 하고 안약을 사서 눈에 발라 보게 하라(18절).

예수님이 인정하시는 진짜 부요한 자가 되라는 것이다. "불로 연단한 금"은 믿음을 말하는데, 믿음이 진짜 부요하게 만든다고 하신다. 그러면 주님이 말씀하시는 믿음이 무엇인가 생각해 보자. 사람이 교회를 교회 되게 하는 것인가? 아니다. 교회는 하나님이 계심으로 교회가 된다. 우리가 하나님께 영광을 드린다고 할 때 역시, 하나님께 없는 것을 드린다는 뜻이 아니다. 우리가 하나님께 받은 것을 가지고 하나님의 되심을 드러낼 때, 하나님께 영광 돌린다고 말한다.

다윗은 하나님의 성전을 짓기 위해 모든 면에서 철저히 준비했다. 그러면서 이런 고백으로 감사 찬양하였다.

12 부와 귀가 주께로 말미암고 또 주는 만물의 주재가 되사 손에 권세와 능력이 있사오니 모든 사람을 크게 하심과 강하게 하심이 주의 손에 있나이다 13 우리 하나님이여 이제 우리가 주께 감사하오며 주의 영화로운 이름을 찬양하나이다 14 나와 내 백성이 무엇이기에 이처럼 즐거운 마음으로 드릴 힘이 있었나이까 모든 것이 주께로 말미암았사오니 우리가 주의 손에서 받은 것으로 주께 드렸을 뿐이니이다(대상 29:12~14).

다윗의 고백은 모든 것을 하나님께서 주셨으므로 하나님께 드릴 수 있었다고 하였다. 이것이 하나님께 영광을 드린다는 의미이다.

이와 같이 우리가 하나님께 없는 것을 드림으로써 하나님이 영광을 받으시는 것이 아니다. 하지만 라오디게아 교회가 이랬다는 말씀이다. 그들의 유명세, 소유, 명망, 사회적 성공이 하나님을 하나님 되게 할 수 있다는 거짓된 믿음이 있었다. 우리도 그런 생각을 한다. 사회적 성공을 거두면, 무엇에 합격하면, 돈을 많이 벌어서 헌금하면, 유명하게 되면 유명하지 않는 것보다 하나님께서 영광 받으실 것이라고 한다. 나도 좋고 주님도 좋고, 하는 식으로 생각한다. 우리나라에서 장로가 대통령이 된 적이 몇 번 있었다. 그럴 때마다 교회들이 한참 떠들어댔다. "그래도 장로가 대통령 되어야지 하나님께서 영광 받으실 것이다"라고 말이다. 결과가 어땠는가? 순전히 사람 생각일 뿐이다.

하나님의 영광은 하나님이 스스로 드러내신다. 우리가 거기에서 더하거나 빼낼 것이 없다. 불로 연단한 금을 사라는 말씀은 하나님께서 영광을 드러내고자 하실 때, 내가 거부하거나 방해물이 되지 말라는 것이다. 나의 위치는 하나님의 명령에 순종하는 위치이지, 내가 주도적으로 없던 영광도 만들어내는 것이 아니다. 항상 하나님 앞에 나아가 영의 일을 따르려는 자세이다.

> 육신을 따르는 자는 육신의 일을, 영을 따르는 자는 영의 일을 생각하나니 육의 생각은 사망이요 영의 생각은 생명과 평안이니라 (롬 8:5~6).

그렇게 된다면 교회의 부요는 하나님이 이루신다. 그것이 우리 신자에게 부요한 삶이 되며 하나님께 가장 큰 영광이 돌려진다.

그러나 개인이나 교회가 문제 생길 때 나타나는 증상은 "타령하는 것"이다. 돈 타령, 사람 타령, 배경 타령, 환경 타령한다. 이것은 어떤 계획도 세우지 말자거나 사람도 돈도 필요 없다는 뜻이 전혀 아니다. 사람도 돈도 필요하다. 그러나 그것들이 주권자일 수 없다는 말이다. 돈이 들어가고 사람이 필요하다고 해서 돈이나 사람이 하나님의 뜻을 이루는 것이 아니다. 하나님의 영광은 하나님이 드러내시고 하나님의 일은 하나님이 이루신다. 우리는 우리 위치에 있으면 된다. 어떤 위치인가? 어려워도 힘들어도 하나님의 말씀을 듣는 위치, 하나님께서 말씀하시면 순종하겠다고 하는 그 위치에 있으면 우리는 진짜 부요한 믿음을 갖게 되며 하나님은 영광을 받으신다.

그러나 주님은 더 적극적인 태도를 취하라고 하셨다. 주님을 사랑함으로 우리 전부를 드리라는 것이다.

> 15 내가 네 행위를 아노니 네가 차지도 아니하고 뜨겁지도 아니하도다 네가 차든지 뜨겁든지 하기를 원하노라 16 네가 이같이 미지근하여 뜨겁지도 아니하고 차지도 아니하니 내 입에서 너를 토하여 버리리라(15~16절).

주님의 진단에 의하면 라오디게아 교회는 만성적 미온상태였다. 여기서 영어 표현 라오디게아인(Laodicean)이라는 말이 나왔다. 종교나 정치, 기타 영역에서 냉담하거나 열의 없는 사람을 가리킨다.

그러나 라오디게아 교회를 겉으로 보자면, 미지근하다는 것이 적절하지 않은 평가 같다. 그들은 부요함으로 많은 일들을 할 수 있었기 때문이다. 그럼에도 주님은 활동이나 어떤 일을 위한 분주함이 없다고 지적하시는 것이 아니다. 분주하게 움직일 수도 있고 많은 일을 할 수도 있지만, 그 마음은 주님께 드려진 것이 아닐 수 있다. 이 말씀은 진정으로, 전심 다해 주님을 위해 힘쓰라는 것이다. 이 부분에서는 하나님께 드리고 저 부분에서는 내 중심으로 사는 것이 아니라, 전체를 주님께 드리라는 것이다. 오래전, 한 수도원에 간 일이 있었다. 그러다가 같은 방을 사용하는 사람들끼리 소그룹으로 모여 예배를 드리면서 서로들 이야기를 나누게 되었다.

한 형제가 자기 이야기를 하는데, 그는 어느 선교 단체 핵심 멤버로, 그동안 그는 선교 이야기만 나오면 뜨거운 열정으로 이야기해 왔었다. 어느 날 그렇게 입에 거품 물면서 이야기하는 자신의 모습을 보면서 주님은 과연 무엇이라 말씀하실지 번뜩 생각났다는 것이다. 사람들에게 자기가 선교단체의 리더이고, 단기 선교를 어디 어디 안 다녀온 데가 거의 없다고 소개하였다. 하지만 선교에 대한 무슨 교육 과정을 밟아서 사람들에게 인정받고 있지만 주님을 흥하게 하는 것이 아니라 자신을 높이고 흥하게 하고 있음을 발견했다는 고백이었다. 겉은 주님을 위한 활동이지만, 속은 자기를 위한 일이다.

우리 역시 모태신앙이고 신앙생활을 수년, 십 수년, 혹은 수십 년을 했다 하더라도 주님의 평가는 미지근하다며 열심을 촉구하실 수 있다. 우리가 날마다 큐티를 하고 기도 생활을 하고 성경공부를 하고 남들 보기에 봉사도 하지만, 그것이 자기 치장으로 귀결된다면 미지근한 것이다. 누가 보더라도 종교적인 활동이 있다. 사람들은 괜찮다고, 훌륭하다고 하더라도, 주님은 너희의 전부가 아니다, 너희는 미지근하다, 열심을 내라고 하실 수 있다. 주님은 우리 전부를 드려도 모자란 분이다.

무릇 내가 사랑하는 자를 책망하여 징계하노니 그러므로 네가 열심을 내라 회개하라(19절).

여기 "열심을 내라"는 사랑이나 애정을 뜻한다. 누군가를 사랑하고 애정을 가지면 그에 대한 열심을 갖게 된다. 자기의 모든 것을 쏟는다. 독일 문학의 거장 괴테의 조수였던 요한 페터 에커만은 법학 공부를 했었다. 그러나 대문호 괴테를 뜨겁게 존경한 나머지 법학 공부를 그만두고 문학 공부에 매진했다. 그리고 자기가 쓴 책을 괴테에게 보냈다. 그의 가능성을 알아본 괴테는 그를 초청하여 만났다. 그렇게 해서 에커만은 10년 동안 대략 천 번가량 괴테를 만났다. 중요한 것은 괴테를 만날 때마다 서로의 대화를 꼼꼼히 기록해 두었다는 사실이다. 그것을 정리해서 괴테 사후에 『괴테와의 대화』라는 책을 출간하게 되었다. 니체는 에커만의 그 책을 이 세상에 존재하는 최고의 책이라고 찬사를 보냈다. 에커만이 괴테와의 만남을 보라. 가족도 아니고 연인도 아닌데, 한 사람이 또 다른 사람을 10년 동안 천 번 만나는 것이 가능한 일인가? 에커만의 삶은 한 사람을 존경하고 사랑함으로 배우고자 하는 열정이 무엇인지 깨닫게 한다. 그리고 그 열정으로 어떤 변화를 일구어 낼 수 있는지 엿보게 한다.

신자인 우리가 주님을 섬기는 열정이 이와 같아야 한다. 전심 다해 주님을 따르도록 애써야 한다. 우리가 주님을 향하여 분명한 태도를 보이지 못하고 오히려 무관심하고 미지근한 상태로 만들어 버리는 것은 무엇 때문인가? 우리와 교제하길 원하여 다급한 목소리로 문 두드리는 주님의 음성 들으라. 그리고 우리의 식어졌던 열정, 주님을 위해 살겠노라고 새롭게 다짐하길 바란다. 나뉜 마음으로 머뭇거리는 신앙이 아니라 한 방향으로 주님께 사랑과 열심 내어 믿음의 부요한 삶이 되길 바란다.

제2장

절 제

생각

해리 벡위드가 쓴 『언씽킹』(*Unthinking*)에 공사현장에서 사고를 당한 한 남성 이야기가 나온다. 2010년 새해가 시작된 얼마 지나지 않은 무렵, 런던 서부의 한 공사현장에서 29살의 남성이 층계 창에서 떨어지는 사고가 발생했다. 이 남성은 15cm가 넘는 못 위로 떨어졌다. 못은 그의 부츠를 뚫고 거의 발등까지 파고들었다. 상상도 못 할 고통에 신음하는 그를 동료들은 즉시 구급차에 싣고 응급실로 갔다. 못이 조금만 움직여도 엄청나게 고통스러워했기 때문에 의사들은 모르핀보다 100배 강하다고 하는 미다졸람으로 그를 진정시켰다. 그리고 이어서 말기 암 환자에게 투여한다는 펜타닐을 추가 투여하였다. 그의 고통이 얼마나 심각했는지 짐작할 수 있다. 그렇게 환자를 진정시키고 통증을 제어하여 의사들은 그의 부츠를 조심스럽게 벗겨냈다. 그때 의사들은 놀라운 일을 목격했다. 환자의 발가락 사이로 못이 깔끔하게 지나갔다. 상처라곤 티끌만큼도 찾아볼 수 없었다. 발이 못에 틀림없이 찔렸다는 생각이 치명적 약물까지 요구하는 엄청난 고통의 느낌을 만들어냈던 것이다.

우리가 기대하는 것이 우리의 느낌을 만들고, 그에 따른 결과들을 얻게 한다. 이것을 심리학에서는 <기대효과>라고 한다. 아무튼 사람의 생각이 어떠냐에 따라, 그에 맞는 감정을 만들어내고 언어, 행동, 기타 부수적인 결과들을 만들어내는 것이 틀림없다.

제임스 앨런은 "행동은 생각의 꽃이며, 기쁨과 고통은 그 열매이다. 그러므로 사람은 자신의 마음 밭에 뿌리고 가꾼 생각의 씨앗에 따라 달콤한 열매와 쓰디쓴 열매를 거두어들인다. … 사람은 생각이라는 무기 공장에서 자기 자신을 파괴할 무기를 만들기도 하고, 기쁨과 힘과 평화라는 천국 같은 마음 상태를 실현하는데 쓸 도구를 만들기도 한다. …"라면서 "우리는 오늘 우리의 생각이 데려다 놓은 자리에 존재한다. 우리는 내일 우리의 생각이 데려다 놓을 자리에 존재할 것이다"라고 하였다.

생각이 중요하다는 것은 알겠는데, 이것이 우리 기독교와 무슨 상관이냐고 할 수 있다. 신자에게 중요한 변화가 일어났다면, 그것은 생각의 변화이다.

3 율법이 죄의 본성 때문에 연약하여 할 수 없었던 것을, 하나님께서는 죄를 없애기 위해 자신의 아들을 죄 있는 사람의 모양으로 보

내심으로써 행하셨습니다. 하나님께서는 죄인들 속에 거하고 있는 죄에 대해 유죄 판결을 내리셨습니다. 4 이렇게 하여 죄의 본성에 따라 살지 아니하고, 성령에 따라 살고 있는 우리에게 율법의 의로운 요구들이 완벽히 이루어졌습니다. 5 죄의 본성을 따라 사는 사람들은 죄의 본성이 바라는 일을 생각하지만, 성령을 따라 사는 사람들은 성령이 바라시는 일을 생각합니다. 6 죄의 본성의 지배를 받는 사람의 생각은 죽음이지만, 성령의 지배를 받는 사람의 생각은 생명과 평강입니다(롬 8:3-6, 쉬운성경).

예수님께서 행한 구속 사역으로 죄인이었던 우리가 성령을 따라 살게 되었다. 어떻게 성령을 따라 살게 되었다고 말씀하는가? 먼저 성령이 바라시는 일을 생각하게 하셨다는 것이다. 생각의 변화이다.

또 다른 구절을 보자.

17 그러므로 여러분, 내가 주님 안에서 여러분에게 강력히 말합니다. 이제부터 여러분은 이방인들처럼 헛된 생각으로 무가치한 생활을 하지 마십시오. 18 그들은 깨닫는 마음이 어둡고 무지와 고집 때문에 하나님이 주시는 생명을 얻지 못하고 있습니다. 19 그들은 감각이 무뎌져서 부끄러운 줄도 모르고 방탕한 생활을 하며 한없는

욕심으로 온갖 더러운 짓을 하고 있습니다. 20 그러나 여러분은 그리스도를 그렇게 배우지 않았습니다. ··· 23 마음과 정신이 새롭게 되어 24 하나님의 모습대로 의와 진리의 거룩함으로 창조된 새사람이 되십시오(엡 4:17~20, 23~24, 현대인의성경).

사도 바울은 이방인과 신자를 대조하여 그 차이에 관해 명확히 밝히고 있다. 이방인들, 세상 사람들은 허망한 생각으로 무가치한 생활을 한다. 하지만 신자는 마음과 정신, 곧 생각이 새롭게 되어 하나님의 모습대로 사는 자들이다. 신자는 "하나님의 생각으로 변화된 사람"이다.

사람들은 환경이 변해야 한다고 말한다. 제도나 기타 등등의 것들이 바뀌어야 한다고 주장한다. 다 맞는 말이다. 하지만 그리스도인들은 그것들을 능가하는 더 중요한 것이 있음을 기억해야 한다. 환경과 제도는 천국 같을지라도, 마음은 지옥에서 사는 것과 같은 사람들이 허다하다. 그런 사람들의 소식을 매일같이 대중매체를 통해 듣고 본다. 좋은 환경에 좋은 교육을 받고 각종 혜택을 받으며 생활하면서도 지옥의 독을 내뿜는 사람들이 있다. 반대로 1세기 초대교회 성도들은 우리가 생각할 수 없는 열악한 환경과 제도 안에 있었다. 그럼에도 그들은 핍박 중에 기뻐할 수 있었다.

이유가 무엇일까? 환경, 제도, 기타 가정이나 사회의 여건이 중요하지 않다는 것이 아니다. 그러나 하나님이 주시는 마음을 가져야만 한다. 예수님이 주인 되실 때 마음이 바뀌고 생각의 변화가 일어난다. 나는 과연 어떤 사람인가? 세상 사람들과 같이 허망한 생각으로 가득하여 무가치한 것을 좇아가지는 않는가?

그리스도인에게 생각의 변화가 일어났다고 해서 그것으로 끝난 것이 아니다. 우리가 그리스도인이 되었어도 신자의 마음, 또 생각은 매우 치열한 영적 전쟁터가 된다. 하나님의 첫 번째 통치 영역은 신자의 마음, 곧 생각이다. 그러나 원수 역시 우리 마음을 점령하여 생각을 조종하려고 한다. 마귀의 역사는 생각에서부터 시작된다. 찰스 스탠리 목사님은 성경을 볼 때, 원수가 다음과 같이 신자들을 공격한다고 하였다.

1. 사탄은 우리 삶의 질을 떨어뜨린다.

2. 사탄은 인간이 가질 수 있는 평안과 기쁨을 공격한다.

3. 사탄은 믿음이 부족한 사람들이나 불신자들을 이용하여 그리스도인들을 공격한다.

4. 사탄은 특별한 원인도 없이 혼란과 분노 그리고 좌절을 느끼도록 한다.

5. 사탄은 우리가 그리스도의 증인 된 삶을 살지 못하도록 한다.

이것들은 원수의 공격이 '생각'에 집중되어 있음을 알게 한다. 사도 바울은 "모든 것 위에 믿음의 방패를 가지고 이로써 능히 악한 자의 모든 불화살을 소멸하고"(엡 6:16)라고 하였다. 원수의 불화살이란 하나님의 생각과 반대되는 생각, 느낌, 충동을 말한다. 그러면 그의 감정은 사탄의 불화살에 영향받을 것이고, 그에 따라 그의 언어와 행동을 장악할 것이 틀림없다. 마음속에서 일어나는 추측, 억측, 판단에 행동은 뒤따라 가게 된다.

아담과 하와가 금단의 열매 선악과를 따먹은 과정을 보라. 사탄은 먼저 그들에게 하나님에 대해 부당하다는 생각을 넣어주었다. 그러자 하나님이 금하신 선악과는 "먹음직도 하고 보암직도 하고 지혜롭게 할 만큼 탐스러운 것"으로 둔갑하였다. 사탄의 전략은 생각의 주인이 누구인지, 신자 자신이 무엇을 생각하는지에 관심 없도록 한다. 그저 떠오르는 대로 생각하고 그 생각에 따라 반응하고 말하며 살게 한다. 달리 표현하자면 자기 생각에 빠져 있게 하는 것이 사탄의 전략이다. 그러면 그들 생각은 스스로 맴돌고 또 꼬리에 꼬리를 물어 모든 생각이 자기에게 집중하게 된다. 그 생각들은 자신을 괴롭히는 고통과 자책과 분노의 부메랑이 된다. 자기 파괴가 안에서부터 일어난다. 그래서 분노했다가 자책했다가, 우울하여 자멸하는 것이다. 천국의 기쁨을 잃어버리며 걸어 다니는 가스통, 언제 폭발할지 모르는 인간 시한폭탄이 된다.

한국보건사회연구원에서는 2016년 9월 12세 이상 1만 명을 대상으로 우리나라의 건강행태와 정신적 습관을 조사했다. 그 결과 국민 10명 중 9명이 근거 없이 멋대로 생각하는 "부정적인 정신적 습관"을 가지고 있다고 보고했다. 조사에 의하면, 부정적인 정신적 습관을 갖는 사람들은 어떤 일을 결정할 때 사람들이 내 의견을 묻지 않았기에 나를 무시하는 것으로 생각한다는 것이다. 또 하나를 보면 열을 안다고 생각하며, 내가 다가가자 사람들이 이야기를 멈추면 나에 대해 안 좋은 이야기 하는 중이었을 것이라고 여긴다. 이들은 세상 모든 일이 옳고 그름으로 나뉜다고 생각하며, 최악의 상황을 먼저 생각하는 것이 특징이다.

그뿐만이 아니다. 과거의 잘못과 실수, 실패를 여물 씹는 소와 같이 되새김질한다. 어떤 일을 시작하기도 전에 잘못되지 않을까 걱정한다. 그로 인해 자신을 가치 없는 인간으로 여기거나 미래에 희망이 없다고 결론 내린다. 어려운 일에 회피하는 자기 도피가 일어난다고 하였다. 이것이 외적으로는 우울증과 불안장애 등 정신질환과 이어지고 자기 몸을 스스로 해치는 것과 상관관계가 있다는 것이다.

그렇다면 우리 생각을 제대로 관리하고 있는지 묻고 싶다. 자주 반복적으로 떠오르는 생각들의 출처가 어디인지, 누구에게서 왔는지 꼼꼼히 따져보고 있는가? 그것들이 마치 내 목소리 같이 들리면서, 나에게 무엇 하도록 요구하는지 면밀하게 살펴보고 있는가? 불안하며 두려워하게 하는 근본적인 이유가 무엇인지 따져보라. 그리스도인에게 그 무엇도 괜찮다는 식으로 생각의 문을 열어놓고 들어오면 들어오는 대로, 나가면 나가는 대로 허용하는 일이란 있을 수 없다. 그렇다면 마치 우리 안방을 열어놓고 누구라도 들어와서 무슨 일을 해도 전혀 상관하지 않는 어리석은 사람과 같다. 무엇이 우리의 생각에 들어와 헤집어 놓고 있는지 관리 감독해야 한다.

우리 생각의 주인은 주님이시다. 몸은 같이 있지만, 마음은 다른 이성에게 가 있는 사람이 있다고 가정해 보자. 그들의 결말이 어떻게 되리라는 것을 충분히 짐작할 수 있다. 그리스도인은 생각이라는 터전을 다른 것에 내어줄 수 없다. 우리 생각의 주인은 오직 주님 한 분이시다. 다윗의 기도를 들어보라.

> 23 하나님이시여, 나를 살피시고 내 마음을 아시며 나를 시험하셔서 내 생각을 아소서. 24 나에게 무슨 악한 행위가 있는지 보시고 나를 영원한 길로 인도하소서(시 139:23~24, 현대인의성경).

현대인들에게 놀라운 고백이다. 다윗은 하나님의 주권이 가장 중요하고 절대적으로 미쳐져야 할 영역이 사람의 생각임을 말한다. 우리가 하나님의 통치에 순종한다면, 우리 생각을 하나님께 복종시켜야만 한다. 하나님께 우리의 생각 전부를 드려야 하는 것이다.

어떻게 해야 생각을 하나님께 온전히 드릴 수 있을까?

> 그러므로 함께 하늘의 부르심을 입은 거룩한 형제들아 우리의 믿는 도리의 사도시며 대제사장이신 예수를 깊이 생각하라(히 3:1).

그리스도인의 생각 제1원리는 "예수를 깊이 생각하라"이다. 다른 번역본은 "예수님께 너의 모든 생각을 고정 시키라(fix your thoughts on Jesus)"(1절, NIV)고 하였다. 히브리 서신을 받는 수신자들은 매우 어려운 처지에 있었다. 예수 믿음으로 핍박이 뒤따랐다. 예수님은 그들 상황에 묵묵부답이신 듯하였다. 더군다나 유대교로 다시 돌아간다면 그들의 생활은 변화되어 안정적으로 바뀔 것이라고 말을 하였다. 너무 매력적이고 흔들릴만한 제안이었다.

그때 "예수를 깊이 생각하라"는 말씀을 들려주고 있다. 어떤 문제를 예수님 방식대로 철저히 생각하라는 것이다. 이는 그리스도의 발자취를 따르며 기꺼이 그의 생애를 닮고자 하는 그리스도인에게 가장 중요한 원칙이 된다. 우리의 직장 문제도, 우리의 가정도, 미래도, 나가야 할 방향도 예수님께 고정해서 생각해야 한다.

나의 모든 생각을 예수님 십자가 앞에 들고 가서 펼쳐 놓아, 그분의 생각으로 따져보라는 말씀이다.

이것이 왜 중요한가? 많이 반복적으로 생각하는 것이 실상 그의 주인이며, 그의 삶의 방향을 이끌기 때문이다. 여행의 목적지를 정해 놓으면, 발걸음은 그리로 인도된다. 중간에 다른 것으로 시간을 빼앗기기도 하고 잘못 들어서는 때도 있지만, 궁극적으로 그곳을 향해 가고 그곳에 도착하게 된다. 생각은 바로 그와 같이 삶의 방향이 된다.

존 밀턴은 『실낙원』에서 호수에 비친 자신의 모습에 반하는 하와의 불길한 모습을 묘사하고 있다. 하와는 선악과를 따먹기 전부터 이미 자기 자신에게 초점이 맞추어져 있었다고 하였다. 하와는 잔잔한 호수 옆에서 몸을 구부려 자신을 본다. 밀턴의 기록이 이렇다.

> 몸을 구푸려 호수를 내려다보자,
>
> 반대편에 물에 어른거리는 한 형체가 나타나,
>
> 나를 보려고 몸을 구푸렸다.
>
> 나는 뒤로 물러났다.
>
> 그 형체도 뒤로 물러났다.
>
> 하지만 이내 나는 호기심에 돌아왔고,

그 형체도 바로 응답하는 눈길을 보내며 돌아왔다.

연민과 사랑의 눈길을 가지고,

거기서 나는 지금까지 눈을 떼지 못했고,

헛된 열망으로 파리해져 갔다.

하와는 자기 안으로 돌아서서 그녀 자신만을 바라보고 사랑하게 되었다. 그리고 자기에게 집중한 나머지 하나님이 금하신 선악과도 먹게 된다.

우리 생각이 어떤 것에든 영향을 받아 자기에게 집중한다면, 하나님의 말씀도 주님의 인격도 신뢰하지 못하게 된다. 헛된 생각에 기만당하며, 그 생각에 점령당하여 원치 않는 일과 생애로 끌려 당할 것이다. 1970년대 샘 슈먼은 간암 진단으로 몇 달밖에 살지 못할 거라는 선고를 받았다. 하지만 그가 죽은 지 몇 달 후에 부검 결과가 나왔는데, 작은 종양 하나밖에 없었고 위태로운 암 단계는 아니었다. 의사들의 오진이었다. 샘 슈먼은 간암으로 죽은 것이 아니라 간암으로 죽는다는 믿음 때문에 죽었던 것이다. 사람의 생각이 정신적, 신체적, 영적으로 어떤 영향을 주는지 보여 주는 사고였다. 그와 같이 육의 생각은 사망이요 영의 생각은 생명과 평안이다.

신자의 생각은 세상 방식도 아니고 자기 방식도 아닌, 예수님의 방식을 따라야 한다. 아무리 어렵더라도 어떤 처지에 있든 예수께 나의 생각을 고정시키라. 세상 약속의 시작은 달콤하나 끝은 언제나 헛방이다. 그러나 주님은 언제나 신실하시다. 자신을 버리기까지 우리를 사랑하신 십자가 은혜를 생각하라. 주님은 세상 끝날까지 우리를 버리거나 떠나지 않는다고 하셨다. 주님은 우리가 최후 승리 얻기까지 영원히 함께 살아주신다, 돌보아주신다. 사람과 비교할 수 없는 그리스도의 신실함을 우리 생각에 가득 채우라. 우리 생각을 그리스도께 바치라. 모든 일에 그리스도의 십자가 보혈을 가득 묻히라. 그분이 주장해 달라고 요청하라. 생각에서부터 믿음의 승리자가 되길 바란다.

감정

2002년 노벨 경제학상을 받은 다니엘 커너먼 교수는 인간을 합리적인 경제주체로 보는 기존 경제학의 근본 가정을 뒤엎었다. 그동안 팽배한 이론은 인간 행동이 이성에 의해 지배를 받는다는 것이었다. 경제활동에서 사람은 자신에게 얼마나 효용 있는지 따져 선택한다고 보았다. 하지만 다니엘 교수는 얼마나 효용 있느냐가 아니라 얼마나 심리적으로 영향받느냐에 따라 선택한다고 주장한 것이다. 즉 사람은 합리적인 인간이 아니라, 감정에 더 많이 영향받는 오류투성이의 인간이라는 것이다. 물건을 살 때 철저한 분석에 의한 것보다는 유명 브랜드, 혹은 아무개가 좋다고 하더라는 정보를 통해 결정하고 만다. 그런 일들이 다반사이다.

영화 「국제시장」에서 주인공 윤덕수는 그 시대의 최고 가수를 나훈아와 라이벌이었던 남진이라고 말한다. 다른 사람들이 나훈아라고 해도, 남진이라고 면박 준다. 그 이유는 월남에서 남진의 도움으로 죽을 위기에서 살아났기 때문이다. 노래 잘한다는 것은 두 번째이다. 우리도 감정적인 것에 더 많은 영향을 받는다. 왜 그 사람만 보면 기분 나빠지는가? 이유가 없이 그냥 싫다. 옷 입는 것도 말하는 것도 머리 모양하고 온 것도 다 마음에 안 든다. 싫은 이유가 있다고 둘러대지만, 매우 주관적인 경우가 대부분이다.

그러면 감정에 대해 하나님은 무엇이라 말씀하는지 보자. 성경은 사람의 감정에 대해 긍정적으로 받아들이고 있다. "분을 내어도 죄를 짓지 말며 해가 지도록 분을 품지 말고"(26절) "분을 내어도"라는 말 안에서 분노라는 인간의 감정, 정서에 대해 성경이 인정하고 있음을 알 수 있다. 대표적인 감정으로 분노를 언급했지만, 인간의 모든 희로애락을 성경은 나쁘다거나 그릇된다고 하지 않는다. 그래서 우리 감정 자체를 제거해야 한다는 주장은 상당한 무리가 있다. 간혹 사랑하는 사람과 헤어질 때, 눈물 흘리면 신앙 없는 것으로 판단할 수가 있다. 천국에서 만날 것인데, 믿음 있는 사람이 왜 우느냐는 것이다. 울지 않는 사람은 매우 수준 높은 신앙이 있다고 생각한다.

그럴 때마다 나는 "요셉은 아버지 야곱이 운명했을 때, 구부려 울었다고 했는데 그건 뭘까? 바울은 에베소 교회를 떠날 때 교회 지도자들과 서로 안고 울었다고 했는데, 바울은 신앙이 없어서 그런 걸까? 또 예수님은 나사로의 무덤 앞에서 눈물 흘리셨는데"라는 생각을 하곤 한다. 사람에게 감정 없는 것이 진짜 문제이다. 마가복음 3장에서 예수님은 안식일에 손 마른 자를 고치고자 하셨다. 이때 종교인들은 안식일에 일하지 말라는 그들 규례에 따라, 예수님을 책잡고자 하였다.

> 예수님께서 분노하시며 주위를 둘러보시고 사람들의 마음이 굳은 것을 아시고, 슬퍼하셨습니다. 예수님께서 그 사람에게 말씀하셨습니다. '네 손을 펴 보아라.' 그 사람이 손을 내밀자, 그 손이 나았습니다(막 3:5, 쉬운성경).

마가는 예수님의 감정과 종교인들의 감정 상태를 대조적으로 잘 보여 주고 있다. 예수님은 손이 오그라들어 일할 수 없는 그 사람을 긍휼히 여기셨다. 하지만 종교인들은 오른손이 말라 일할 수 없어 고통하는 그와 그의 가족을 전혀 생각하지 않는다. 도리어 그 사람과 상황을 이용하여 자기들의 논리를 정당화하고 자기들의 권위를 세우고자 하였다. 그들을 향해 "피도 눈물도 없는 마음이 굳은 자들"이라고 하시면서 예수님은 분노하고 슬퍼하셨다. 이처럼 성경은 사람의 감정, 혹은 정서에 대해 인정하고 있다.

신자는 감정이 메말라서는 안 되는 것이다. 아니, 감정이 메마를 수 없다. 우리 그리스도인들은 하나님이 세상을 바라보는 방식을 배우고 하나님의 마음까지 이어받았다. 하나님은 죄로 멸망할 수밖에 없는 세상을 보시고 안타깝게 여기신다. 죄로 고통받는 사람을 불쌍히 여기신다. 인간적인 표현으로 하자면, 하나님은 우리 인간 때문에 피눈물을 흘리고 계신다. 그것을 신자는 알게 되어 그 마음, 그 감정을 갖게 된다.

> 31 모든 악독과 격정과 분노와 소란과 욕설은, 모든 악의와 함께 내버리십시오. 32 서로 친절히 하며, 불쌍히 여기며, 하나님께서 그리스도 안에서 여러분을 용서하신 것같이, 서로 용서하십시오(엡 4:31~32, 표준새번역).

31절은 예수 밖에 있는 세상 사람들의 정서 상태, 주된 감정이다. 32절은 예수 안에 있는 우리의 감정과 정서이다. 우리는 31절의 사람인가, 32절의 사람인가? 32절의 그리스도인이길 바란다. 서로를 불쌍히 여기는 까닭에 애틋한 마음이 있고 눈물이 나고 너그러움으로 서로를 돕는, 예수의 감정이 살아 있는 성도이어야 한다. 그러나 신자는 예수 감정 없는 것이 큰 문제임을 알면서, 동시에 인간의 감정은 타락으로 크게 손상되어 있음도 알아야만 한다.

26 분을 내어도 죄를 짓지 말며 해가 지도록 분을 품지 말고 27 마귀에게 틈을 주지 말라(26-27절).

우리에게는 감정이 있으며 그것은 하나님을 닮은 한 부분이다. 그러나 성경은 "분노를 조절해야 한다", 감정을 다스려야만 한다고 말씀한다. 죄로 오염된 감정은 마귀에게 틈을 주기 때문이다.

무슨 틈을 준다는 것일까? 감정은 하나님의 의를 이루는데 가장 큰 방해물이 될 수 있다. 본문은 에베소서 1장 10절을 근거로 삼고 있다.

7 … 이렇게 하나님께서는 풍성한 은총으로 8 우리에게 온갖 지혜와 총명을 넘치도록 주셔서 9 당신의 심오한 뜻을 알게 해 주셨습니다. 이것은 그리스도를 시켜 이루시려고 하나님께서 미리 세워놓으셨던 계획대로 된 것으로서 10 때가 차면 이 계획이 이루어져서 하늘과 땅에 있는 모든 것이 그리스도를 머리로 하고 하나가 될 것입니다(엡 1:7b-10, 공동번역개정).

하나님께서 신비한 계획을 우리에게 알게 해 주셨다. 그 계획은 그리스도 안에서 모두가 하나 되어 화목을 이루게 하시는 것이다.

그리스도가 모든 것의 머리가 되심은 모든 것의 통치자, 주권자

되심을 말한다. 이것은 하나님께서 창세 전에 미리 세워놓으신 계획으로 우리에게 알게 하셨다. 그렇다면 신자는 에베소서 4장 3절 말씀대로 해야 한다.

> 여러분은, 성령이 여러분을 평화의 띠로 묶어서 하나가 되게 해 주신 것을, 힘써 지키십시오(엡 4:3, 표준새번역).

하나님의 신비한 계획을 알게 된 신자를 먼저 예수 안에서 하나 되게 하셨다. 그리고 하나님은 교회의 하나됨을 통해 우주 만물에 대한 그분의 계획을 드러내고자 하신다. 이런 이유에서 신자는 그리스도 안에서 하나가 되게 하신 것을 힘써 지켜야 한다고 말한 것이다.

그런데 분노는 자기중심적인 사람들에게서 쉽게 나타나는 자기표현으로, 하나님이 하나 되게 해 주신 것을 망가뜨린다. 더 나아가 하나님이 미리 세워놓으신 계획을 세상이 알지 못하게 한다. 신자의 감정 실패가 하나님의 비전 상실을 가져올 수 있다는 말씀이다. 하나님의 계획이 좌절된다는 것이 아니라, 그 목적을 올바로 볼 수 없게 만든다는 뜻이다. 누가 그렇게 하는가? 그리스도 안에서 먼저 하나가 된 신자가 그렇게 한다. 무엇으로 그렇게 한다는 것인가? 감정을 다스리지 못함으로써 그렇게 한다.

그런 까닭에 사도 야고보는 "19 …성내기도 더디 하라 20 사람이 성내는 것이 하나님의 의를 이루지 못함이라"(약1:19b~20)고 하였다. 강력범죄의 가장 큰 원인은 참지 못한 분노 때문이다. 감정 조절을 하지 못해 끔찍한 일들이 매일 같이 일어나고 있다. 자기 자신도 파멸하고 다른 사람들도 파멸에 이르게 한다. 가스통이 터지고 자동차로 들이박고 화재 등이 일어나서 사람들이 죽는다. 사회가 큰 혼란을 겪는다. 신앙생활에서도 그와 같다. 나는 지금까지 교회 생활하면서 화 내서 하나님의 의를 이루는 것을 보질 못했다. 분노하여 다른 사람을 상하게 하면 설령 그것이 하나님의 뜻이라고 해도 절대 듣지 않는다는 것을 알았다. 분명히 의분이 있다. 그러나 우리 자신에게 적용할 의분은 없다고 여기는 것이 가장 안전하다. 지금까지 분노를 자기표현 방식으로 삼아 하나님의 뜻을 좌절시켰다면, 이제는 그리스도 안에서 새로워져 하나님의 뜻을 밝히 보여야 하겠다. 그렇다면 어떻게 자기 감정을 다스릴 수 있을까? 먼저, 곱씹는 습관을 버리라.

화를 내더라도 죄는 짓지 마십시오. 해가 지도록 노여움을 품고 있지 마십시오(26절, 표준새번역).

개정역이나 개정개역은 분노라는 단어가 두 번 나온다. 하지만 앞에 나오는 분노와 뒤에 나오는 분노는 각기 다른 단어이다. 표준 새번역은 앞의 것을 "화"라고 했고, 뒤의 것을 "노여움"이라고 달리 표현했다. 노여움은 분노가 커진 것을 말한다. 그래서 격앙된 분노, 앙심, 복수심이라고 할 수 있다. 그러니까 있었던 일을 되새김질함으로써, 분노를 키운 것이다. 머릿속에서 끊임없이 반복적으로 그 사건과 말과 그 사람을 생각해내고 있었기 때문이다. 그럼으로써 좋지 않은 감정을 되살리고 스스로 화를 돋우게 것이다.

『쿠션』이라는 책에 헤라클레스가 길을 걷다가 사과 크기의 이상한 물건을 발견한다. 그는 별 생각 없이 발로 걷어찼다. 그러자 그 물건은 수박만큼 커졌다. 흥분한 헤라클레스는 다시 한번 찼다. 그랬더니 이번에는 바위만큼 커졌다. 놀림받는 기분이어서 들고 있던 쇠뭉치로 내리쳤다. 그랬더니 두 배로 커지고, 헤라클레스가 힘을 쓰면 쓸수록 더 커져 산더미만 해졌다. 그때 아테네가 나타나 아름다운 노래를 들려주자, 그 물건은 순식간에 원래 사과만 한 크기로 되돌아갔다. 아테네는 헤라클레스에게 "그것을 더 이상 건드리지 마세요. 그건 당신 마음속에 있는 분노와 같아서 건드리지 않고 내버려 두면 작아지지만 건드릴수록 더 커지는 거랍니다"라고 말해 주었다.

곱씹는 까닭에 그 사람과 일에 과장된 해석을 하고 의미를 부여하며, 필연적으로 부정적인 결론에 이르게 한다. 곱씹는 습관이 분노를 키워 자신을 더욱 상하게 한다. 청교도 신학자 리처드 백스터는 의지를 본성의 왕좌에 두라고 했다. 자기 안에 일어나는 감정에 대해 의지가 무관심하거나 방조하지 않는다면, 어떤 죄악 된 감정도 남아 있지 않을 것이라고 했다. 그런 까닭에 최선을 다해 의지가 깨어 있고 견고할 수 있도록 노력해야 한다. 나의 곱씹는 생각을 주시해야 한다. 그리고는 나와 다른 사람을 상하게 하려고 감정을 부풀리는 혼잣말에 "멈춰. 내게는 어울리지 않아. 사라져"라고 명령하라.

자기 감정을 다스리기 위한 두 번째 방법은 자기 감정을 하나님 앞에 가지고 나가는 것이다.

> 화나는 일이 있더라도 죄를 짓지 마십시오. 해 질 때까지 화를 풀지 않으면 안 됩니다(26절, 공동번역개정).

개정개역은 "해가 지도록"이라고 했는데, 마치 그 시간까지는 분노해도 되는 것으로 읽힌다. 그러나 그 시간까지 하나님 앞에서 깊이 생각하며 분노를 다스리라는 적극적인 명령이다. 사람들은 조금만 일에도 흥분하여 소리치고 분노한다. 우리도 예외가 아니다. 왜 그럴까? 화를 내는 것이 정당한 자기표현이라는 거짓 정보를 무수히 받아왔기 때문이다. 사람에게는 GPS와 같이 EPS 감성 정보체계라는 것이 있다. 현재 상황을 과거 기억 속에 저장되어 있는 정보들과 대조해서 반응하도록 명령 내린다. 그리고는 이렇게 부추김 받는다. "화를 내야 손해 보지 않는다. 화를 내야 얕잡아 보지 않는다. 화를 내야 이기는 것이다. 화를 내야 말을 들어 먹는다"라고 말도 안 되는 정보를 사실로 받아들이고 있다.

그러면 정말 화가 날 때 어떻게 해야 하느냐, 하나님 앞으로 그 감정을 가지고 나오라는 것이다.

> 9 그의 자녀는 고아가 되고 그의 아내는 과부가 되며 10 그의 자녀들은 유리하며 구걸하고 그들의 황폐한 집을 떠나 빌어먹게 하소서 11 고리대금하는 자가 그의 소유를 다 빼앗게 하시며 그가 수고한 것을 낯선 사람이 탈취하게 하시며 12 그에게 인애를 베풀 자가 없게 하시며 그의 고아에게 은혜를 베풀 자도 없게 하시며 13 그의 자손이 끊어지게 하시며 후대에 그들의 이름이 지워지게 하소서 (시 109:9~13).

다윗의 기도이다. 그런데 원수를 사랑하게 해 달라는 것이 아니라, 저주를 퍼붓듯 기도하고 있다. 누구에게 말인가? 사람이 아니라 하나님께 말씀드리고 있다.

에스키모들은 그들 나름대로 분노를 처리하는 방식이 있다. 화가 치밀어 오르면 하던 일을 멈추고 분노의 감정이 가라앉을 때까지 무작정 걷는다. 충분히 걸어왔다고 생각되면 그 자리에 긴 막대기를 꽂아두고 온다. 그 긴 막대기는 사람에 대한 미움, 원망, 서러움으로 얽히고설킨 감정, 또 누군가를 고통스럽게 만들 수 있는 부정적 감정을 그곳에 남겨놓는다는 의미이다. 하나님께 내 감정을 내려놓으라. 내가 말하는 것으로 사람은 상처를 받지만, 하나님은 상처받지 않고 다 받아주신다. 오히려 위로해 주시고 내 감정을 순화시켜주신다.

자기 감정을 다스리기 위한 세 번째 방법은 우리가 다른 사람을 결박하기 위해서가 아니라 자유롭게 하기 위해 이 자리에 있음을 기억하는 것이다. 에베소서 전체 맥락에 의하면, 감정을 잘 다스리는 자는 새 사람다운 것이다. 또 감정을 잘 다스리면 성령 충만한 사람이다. 왜 그런가 보라. 감정을 다스리지 못하면 사람과의 관계가 깨져 불화하게 된다. 그로 인해 모두가 고통스럽다. 다른 사람을 고통으로 묶어두며 어느 때는 평생 가슴에 한을 남게 하기도 한다. 심리학에서는 전위, 혹은 전치(displacement)라는 용어가 있다. 한 가정의 가장이나 그룹의 리더가 사소한 일에도 분노하고 화를 잘 낸다. 그러면 그 가족이나 그룹 구성원들의 표정이 어둡다.

표정이 어두울 뿐만 아니라, 그들 역시 잠재적인 분노자가 되기 쉽다. "종로에서 뺨 맞고 한강에서 화풀이한다"라는 속담이 있듯, 나의 그릇된 감정표현은 다른 사람을 또 다른 분노의 사람으로 옭아매는 것이다.

그러나 신자가 부름 받은 것은 다른 사람을 잘못된 것으로 묶어두려 함이 아니라, 죄의 종과 잘못된 감정에 사로잡혀 있는 것에서 자유케 하심을 선포하기 위함이다. 예수 그리스도의 십자가 능력이 우리를 죄와 죄책감에서 자유롭게 하셨다. 그러니 그 자유함으로 우리 관심사를 예수 그리스도의 거룩한 뜻에 맞춰보라. 그렇다면 우리는 무력하여 우리 감정에 지배 받지 않을 것이다.

> 19 내가 천국 열쇠를 네게 주리니 네가 땅에서 무엇이든지 매면 하늘에서도 매일 것이요 네가 땅에서 무엇이든지 풀면 하늘에서도 풀리리라 하시고(마 16:19).

우리의 감정표현이 다른 사람을 고통스럽게 만들고 있는가, 행복하게 만들고 있는가? 우리 감정표현으로 다른 사람을 결박하고 있는가, 자유하게 해 주고 있는가? 우리 감정으로 사탄은 역사하도록 풀어주면서, 사람들을 묶어두는 일이 있어서는 안 되겠다. 하나님께 간절히 소원하라. 우리가 감정의 피해자가 되지도 않게 하시고, 다른 사람을 감정의 피해자로 만들지도 않게 해달라고 말이다. 더 나아가 우리 감정표현이 다른 사람에게 예수 그리스도의 행복을 맛보게 하는 일에 쓰임 받게 해달라고 간절히 소원하라.

태도

2016년 브라질 리우 올림픽 태권도 68kg급에서 강력한 우승 후보는 우리나라의 이대훈 선수였다. 그는 이미 세계선수권대회, 아시안게임, 아시아선수권대회에서 모두 정상에 올랐다. 올림픽에서만 금메달 따면 그랜드슬램이라는 대망을 이룰 수 있었다. 하지만 8강전에서 요르단의 아흐마드 아부가우시에게 아깝게 패하고 말았다. 주목할만한 것은 바로 그 이후이다. 일반적으로 패배한 선수들과는 다른 모습을 그에게서 발견했기 때문이다. 자신의 패배가 확정된 후 승자인 아흐마드의 손을 번쩍 들어 올려주고 엄지를 치켜세우며 승자로서 예우해 주었다. 그의 행동에 아흐마드는 순간 당황하였으나, 곧 고마워하며 그 또한 이대훈 선수를 격려하였다. 누가 승자이고 패자인지 구분 안 가는 장면이었다. 이 모습을 지켜본 관중들은 두 선수를 향해 뜨거운 박수를 보냈다.

그리고 그에게 인터뷰를 요청하자, 국민에게 죄송하다면서 상대

선수가 훌륭했으며 모든 면에서 즐기는 그를 보며 많이 배웠다고 말했다. 그러면서 올림픽에서 메달 따지 못했다고 해서 인생이 끝난 것이 아니다, 올림픽 메달리스트라는 타이틀을 평생 갖고 살 것도 아니다, 라고 당당히 말했다. 더 놀라운 것은 마지막으로 "더 나은 사람이 되기 위한 경험을 했다고 생각한다"라고 덧붙였다. "다음 기회엔 반드시 금메달을 따겠다"가 아니라 "더 나은 사람이 되기 위한 경험을 했다"라고 말했다. 그는 패자 부활전에서 승리해 동메달을 땄으며, 그에겐 이런 타이틀이 붙었다. "진정 올림픽을 즐길 줄 아는 챔피언" 그의 태도를 통해 진짜 챔피언이 누구인지, 그는 어떤 사람인가, 무엇이 그의 최종 지향점인가를 알 수 있었다는 말이다.

태도(Attitude)는 어떤 대상이나 일, 상황에 직면했을 때 드러내는 입장이나 자세를 말한다. 그래서 태도에는 "어떤 인생을 살 것인가?"라는 가치관을 담겨 있다고까지 여긴다. 이런 이유로 태도는 그 사람의 됨됨이를 알 수 있는 중요한 척도가 되곤 한다.

그러면 성경은 태도에 대해 어떤 말씀을 하고 있을까?

> 비록 아이라도 자기의 동작으로 자기 품행이 청결한 여부와 정직한 여부를 나타내느니라(잠 20:11).

이것을 현대인의성경은 이렇게 번역해 놓았다.

> 비록 아이라도 그 하는 짓을 보면 그의 행동이 순수하고 정직한지
> 알 수 있다(잠 20:11, 현대인의성경).

부모들은, 특히 어머니들은 아이들에게 뭔가 있다는 것을 기막
히게 잡아내곤 한다. 자녀들이 아무런 말을 하지 않았는데도 말
이다.

부모로서 선택적 주의가 있지만, 아들 딸에게서 나오는 심상치
않은 태도를 알아차렸기 때문이다. 곧 그의 태도를 통해서 뭔가 있
음을 직감적으로 알게 된다. 아이들은 이렇게 반문한다. "엄마, 어
떻게 알았어?" 태도가 그에 관하여 말해 주고 있다. 태도는 생각
을 들여다보도록 훤히 열어 놓은 창문이 된다. 이것을 몸짓이라고
하기도 하고 동작이라고 하기도 하는데, 어느 특정 하나만을 말하
지는 않는다. 종합적이다. 그래서 "몸, 곧 태도가 나보다 나에 관해
먼저 말한다"라고 한다. 이런 까닭에 감정이나 언어보다도, 태도를
통해서 그 사람이 어떤 방향을 향해 있는지, 그가 무엇을 지향하는
지, 어떤 사람이 되고자 하는지 알게 된다. 그래서 태도가 그리스
도인에게도 중요한 것이다.

너희 안에 이 마음을 품으라 곧 그리스도 예수의 마음이니(5절).

표준새번역은 "여러분은 이런 태도를 가지십시오. 그것은 곧 그리스도 예수께서 보여 주신 태도입니다"(5절, 표준새번역)라고 하였다. "예수님의 태도" 영어성경 NIV도 "Your attitude should be the same as that of Christ Jesus:"(5절, NIV)라고 하였다. "그대의 태도가 그리스도 예수의 태도가 되게 하라"는 것이다. 우리의 태도가 예수 그리스도의 태도가 되게 해야 한다. 이 말씀이 어떻게 해서 나왔는지 보자.

바울은 빌립보 1장에서 빌립보교회 성도들에게 한마음으로 복음에 합력할 것을 권해 주었다. 바울이 로마 감옥에 투옥되자, 빌립보교회에는 투기와 분쟁으로, 다툼으로, 겉치레로 복음 전하는 사람들이 생겨났다. 또 바울을 안타깝게 여겨 착한 뜻으로, 사랑으로, 선한 마음으로 복음 전하는 사람들도 있었다. 그럴지라도 그들 모두는 하나님의 부름을 받고 어린양 혼인 잔치에 참여한 자들이다. 그들은 서로 남이 아니고 하나이며, 같은 자리에 있는 주의 백성들이라는 말씀이다. 그러면서 바울은 본문을 통해 그들 모두에게 그리스도 안에서의 권면, 사랑, 위로, 성령의 교제, 긍휼, 자비가 이미 주어졌다고 말씀한다. "그리스도를 믿는 것이 여러분에게 힘이 되고 있습니까? 그리스도의 사랑으로 위로를 받고 있습니까?

성령 안에서 서로 교제하며 친절과 동정을 베풀고 있습니까? 그렇다면 … 다음과 같이 하십시오"(1절, 쉬운성경)라고 하였다. 바울은 "여러분 안에 이미 권면, 사랑, 위로, 교제, 긍휼, 자비의 능력이 심어있고 누리고 있지요?"라고 강조한 것이다.

하나님으로부터 심어진 영적 본능, 새 사람의 성품, 신령한 은혜는 밖으로 표현될 수밖에 없다. 어느 가문에 속하면 얼굴은 식별할 수 없다 하더라도, 그의 몸짓, 태도를 통해서 어느 집의 자녀일 것이라는 짐작하게 된다. 목사들은 발자국 소리만 들어도 어떤 성도일 것이라고 짐작할 수 있다. 형사들이 얼굴을 알지 못해도 몸동작을 통해서 범인을 가려내기도 한다. 사진이나 방송을 통해 김정은 위원장이 취한 태도와 몸짓만을 보고도, 전문가들은 그의 심리적인 상태나 어떤 질병이 있는가를 가려내기도 한다. 이처럼 태도는 그의 안에 무엇이 들어있고 담고 있는지 알게 하는 척도가 된다. 그렇다면 우리 안에 있는 새 생명, 하나님의 신적 본성 역시 우리의 태도를 통해 드러날 수밖에 없다는 말씀이다.

그런데 문제는 예수 그리스도 안에 있는 좋은 것들이 성화되지 못한 우리에게서 좋은 것으로 드러나지 않더라는 것이다. 그 자체로는 좋은 것인데, 그것을 표현해 내고 전달하는 사람을 보니 신뢰가 가지 않는다. 그래서 내용까지도 의심받고 불신받아 거절당한다. 자녀들이 부모에게 이런저런 것들에 대해 주장한다. 음성, 톤,

몸짓, 얼굴 표정을 제하고 그 내용 자체만을 보면 옳다. 틀린 데가 하나도 없다. 그런데도 부모에게 받아들여지지 않는다. 이유는 옳은 것을 담고 있는 자녀의 태도가 틀렸기 때문이다. 내용이 옳다고 다 옳고 받아들여지는 것이 아니다. 설교학을 공부할 때 교수님께서 "인생은 말입니다"라거나 "제가 결혼 생활을 해 보니"라는 시건방진 말을 하지 말라고 하셨다.

말 자체는 옳게 할 수 있지만, 너보다 더 많은 연륜과 경륜을 가진 성도들이 있을 터이니 태도를 바르게 하라는 가르침이었다. 어폐가 있는 것 같지만, 옳은 것이 다 옳은 것이 아니다. 지금 빌립보 교회가 그러고 있었다. 그들 안에 분명히 그리스도의 권면, 사랑, 위로, 교제, 긍휼, 자비의 능력이 있었다. 그런데 그것들을 어떻게 표현해내고 있었는가?

> 서로 뜻을 같이하고, 서로 사랑하고, 서로 속 깊은 벗이 되십시오. 자신의 방식을 앞세우지 말고, 그럴듯한 말로 자신의 방식을 내세우지 마십시오. 자기를 제쳐 두고 다른 사람이 잘 되도록 도우십시오. 자기 이익을 꾀하는 일에 사로잡히지 마십시오. 자신을 잊을 정도로 도움의 손길을 내미십시오(2~4절, 메시지).

하나님의 선한 것들이 그들 태도로 손상당하고 있었다. 그들은 속 깊은 친구가 되지 못하고 있었다. 자신의 방식을 앞세웠다. 다른 사람을 제치고 내가 앞서거니 뒤서거니 하였다. 자기 이익을 꾀하고 높아지는데 하나님의 선한 것들을 이용하고 있다. 자신이 옳다는 것 때문에 다른 사람을 존중하지 못하고 있다. 그러니 옳은 것이 옳은 것이 되지 못하고 있다. 22년간 태도 교육의 전문가로 활동해 온 로잔 토머스는 "불성실한 태도는 1킬로미터 밖에서도 눈에 띈다. 개인적인 직업적이든 친밀한 관계를 손에 넣고 싶다면 상대방을 진지하고 순수하게 존중하려는 태도를 보여야 한다"라고 하였다.

물리학자 스티븐 호킹 박사는 "사람이 실패하는 가장 큰 원인은 공격성이다. 원시시대에는 공격성이 식량을 얻고 영토를 지키며 자식을 낳아줄 배우자를 획득하게 해 주는 귀중한 능력이었을지도 모른다. 하지만 현대 사회에서는 우리를 파멸로 몰아넣는 위협적인 성향에 불과하다"라고까지 주장하였다. 이것이 도덕이나 윤리교육과 다를 바가 무엇이냐고 할 수 있다. 이 말씀을 들어보라.

사랑은…무례히 행하지 아니하며(고전 13:5a).

유진 피터슨의 메시지 성경은 "사랑은 … 다른 사람에게 자신을 강요하지 않으며"(고전 13:5a, 메시지)라고 하였다. 내가 옳은 것을 가지고 있고 말하기 때문에 무례해도 되는 것이 아니다. 또 내 말 대로 하지 않으면 죽을 줄 알라고 해서도 안 되는 것이다.

그렇다면 우리에게 어떻게 하라는 것인가?

> 여러분은 이런 태도를 가지십시오. 그것은 곧 그리스도 예수께서 보여 주신 태도입니다(5절, 표준새번역).

예수 그리스도의 태도를 배우라고 하신다. 예수님의 태도는 빌립보서 2장 5절 이하에 나온다. 예수님은 하나님과 동등되신 삼위 하나님이시나, 인간의 몸을 입고 이 땅에 오셨다. 그리고 33년의 생애를 죄인들과 함께 사시면서 십자가 고난을 당하셨다. 십자가에서 죽으셨으나, 사흘만에 부활하여 승천하셨다. 지금도 영원히 살아 하나님의 우편에서 온 우주만물을 통치하신다. 이 모든 행하심은 무엇을 위한 것이었는가? 하나님의 의를 죄인인 우리에게 전해 주기 위함이셨다. 그러나 알아듣지 못하는 죄인들에게 역정을 내시고 불사르고 부수고 파괴하지 않으셨다. 자기가 십자가에서 죽으셨다.

5 그를 찌른 것은 우리의 반역죄요, 그를 으스러뜨린 것은 우리의 악행이었다. 그 몸에 채찍을 맞음으로 우리를 성하게 해 주었고 그 몸에 상처를 입음으로 우리의 병을 고쳐주었구나. 6 우리 모두 양처럼 길을 잃고 헤매며 제멋대로들 놀아났지만, 야훼께서 우리 모두의 죄악을 그에게 지우셨구나. 7 그는 온갖 굴욕을 받으면서도 입 한번 열지 않고 참았다. 도살장으로 끌려가는 어린 양처럼 가만히 서서 털을 깎이는 어미 양처럼 결코 입을 열지 않았다. 8 그가 억울한 재판을 받고 처형당하는데 그 신세를 걱정해 주는 자가 어디 있었느냐? 그렇다, 그는 인간 사회에서 끊기었다. 우리의 반역죄를 쓰고 사형을 당하였다(사 53:5~8, 공동번역개정).

주님은 하나님의 의를 위해, 하나님의 생명을 전해 주기 위해 일하신다. 그런데 죄인들인 우리는 주님을 모욕하고 수치심을 주고 반역죄로 몰아가 죽였다.

그러면 이런 인간들이라고 하면 어떻게 해야 하겠는가? 가치 없는 인간들이다. 뭘 해줄 필요가 없는 그런 자들이다. 쓰레기 청소하듯 인간 청소해야 할 것이다. 그런데 주님은 도살장으로 끌려가는 어린 양처럼, 털 깎이는 어미 양처럼 결코 입을 열지 않았다고 하였다. 주님은 잠잠하여 그의 입을 열지 않으셨다. 옳은 일을 하는 예수 그리스도의 태도이다.

우리라면 어떻게 할까? 우리가 옳고 맞다. 그러면 기세 등등 한다. 그것으로 상대방의 무지와 어리석음을 때려잡으려고 한다. 그리고 그가 어떤 인간인지, 얼마나 바보천치 같은지 소문을 낸다. 상대적으로 내가 얼마나 괜찮은 사람인지 드러내고자 한다. 빌립보교회 사람들이다. 프란치스코 교황은 "목소리가 크고 공격적인 사람들을 피하십시오. 그들은 영혼을 괴롭힙니다"라고 하였다. 왜 그럴까? 이런 사람들이 기분 나쁜 것은 자기 생각을 타인에게 강요하기 때문이다. 그러나 더 큰 것은 그런 태도가 상대방을 아무 생각 없는 사람으로 취급하여 굴복시키려 하기 때문이다. 결국 존중받지 못한다는 느낌이 싫다는 것이다.

월터 C. 카이저 목사님은 한 회의에서 핸디캡을 극복하는 문제에 대해 강연을 했다. 무기력하게 하고 인간의 톡특성을 부인하여 건강한 인격체로 성장하지 못하게 하는 것들을 극복하자는 내용이었다. 그리고는 각 사람에게 특별히 자기만의 핸디캡이 무엇인지 말해 보도록 요청했다. 모임이 끝난 후에 한 여성이 남편을 데리고 월터 카이저 목사님에 왔다. 그 여성은 무감각하게 "제 핸디캡을 만나보세요"라며 그의 남편을 소개했다. 우리말로 번역하자면, "이 인간이 제 인생의 십자가입니다"라고 할 수 있다. 그 모습을 본 월터 목사님은 남편이 그녀의 핸디캡이라기보다는, 남편을 향한 그녀의 태도가 더 큰 핸디캡인 것으로 보았다고 하였다.

우리 누구도 이런 모습에서 예외가 아니다. 내가 옳다는 것을 알아듣지 못하는 상대방에게 화를 내고 무시하고, 그것이 지나쳐 경멸하는 태도가 우리 안에 있다. 그래서 그와 더불어 말조차 섞기 싫어하는 모습이 역력하다. 굳이 같은 계단으로 올라가지 않는다. 화장실에서 마주치면 기분이 나빠 화장실 사용하지 않는다. 예수님의 태도를 잃어버린 그리스도인이 되어버렸다. 이런 우리를 향해 바울이 다시 촉구하고 있다. 그대들의 태도가 예수의 태도가 되게 하라고 말이다. 사도 베드로도 말씀한다.

> 젊은이 여러분, 이와 같이 여러분도 장로들에게 순종하십시오. 모두가 서로서로 겸손의 옷을 입으십시오. '하나님께서는 교만한 자를 물리치시고, 겸손한 사람에게 은혜를 주십니다.' 6 그러므로 여러분은 하나님의 능력의 손 아래에서 스스로 겸손하십시오. 때가 되면, 그분께서 여러분을 높이실 것입니다(벧전 5:5~6, 표준새번역).

장로들이란 나이 많은 분들을 말한다. 젊은 사람들은 연세 드신 분에게, 또 연세 드신 분들은 젊은 사람들에게 겸손한 태도를 취하라.

내가 옳다고 말할 필요가 없다. 다만 예수 태도를 가지라. 높여주는 것은 내 일이 아니라 주님의 일이다. 많은 사람이 있을 때, 아무리 친해도 또는 내 아들뻘 된다고 하더라도 "야"라고 하지 말라. "아무개 집사" "아무개 성도"라고 불러주라. 며느리가 같은 교회에 다닌다면, 시어른들이 아는 척하지 않는 것이 가장 좋다. 그러나 꼭 필요해서 부를 때, "얘~, 누구 엄마야"라고 하지 않길 바란다. "아무개 집사"라고 불러주시길 권해드린다. 우리가 가진 내용이 옳다는 것을 말로 하기 전에, 우리의 태도가 옳은지 그른지를 먼저 말해 준다. 목소리를 차분히 하라. 눈을 치켜뜨거나 눈알을 굴리지 말라. 눈알 굴리는 습관이 있다면, 말할 때는 썬 클래스를 끼고 말하라. 억지로라도 웃으며 말하려고 노력하라.

우리 안에 있는 복음은 틀림없다. 생명을 주고 구원을 주고 소망을 주는, 주님의 복음이기 때문이다. 그러나 문제는 우리에게 있다. 우리를 통해 복음이 호소력 있게 드러나기 위해서는 우리 태도가 예수의 태도가 되어야 한다. 성경이 이 말씀을 하는 이유는 그렇게 훈련해야만, 예수님의 태도로 바뀌어 갈 수 있기 때문이다. 리처드 뉴턴은 가장 인간다운 기술인 의사소통 능력, 경청과 공감, 문제 해결 능력, 창의성, 협업 능력이 미래의 성공 요소인데, 이 모든 것을 기르기 위해 반드시 갖춰야 할 기본적인 것은 상대방을 존중하는 태도라고 하였다. 우리의 복음이 성공적으로 들리기 위해서는 예수님의 태도를 배워야 한다. 변화된 우리의 태도로 그리스도와 그리스도의 복음이 더욱더 존귀하게 여김 받을 수 있도록 애쓰자.

언어

말은 관계를 나타내는 주는 외적인 표식이다. 김윤나 작가는 세상에는 세 가지 종류의 연결(connection)이 있다고 하였다. 자기 자신과의 연결, 타인과의 연결, 세상과의 연결이다. 이것들은 모두 이어져 있다. 그래서 필연적으로 영향을 서로 주고받는다. 이 세 부분이 영향을 주고받는, 가장 효력 있는 도구가 언어이다. 즉 말을 통해서 자기 자신을 어떻게 생각하고 있는지 알 수 있다.

"내가 하는 일이 그렇지 뭐" "부족하지만, 다시 할 수 있어."
"내게는 나를 믿어주는 가족이 있어."

또 다른 사람과 어떤 식으로 관계를 맺고 있는지, 그리고 세상을 어떻게 바라보는지 짐작할 수 있게 한다.

"그 인간만 아니면 좋겠어."

"1등 만을 기억하는 더러운 세상" "헬조선."

그러나 신자는 "자기 자신-타인-세상"이라는 연결만이 아니라, 가장 중요한 연결이 있음을 잊지 않아야 한다. 그것은 우리와 하나님과의 관계이며, 그 관계에서 역시 말은 연결점의 중요한 도구가된다. 하나님이 말씀으로 하나님 되심을 드러냄같이, 언어는 하나님의 형상으로 창조되고 구원받은 우리가 어떤 존재인지, 누구와 관계되어 있는지를 드러내는 표지와 같다.

잠언은 대조적인 두 부류의 사람을 등장시켜 교훈하고 있다. 미련한 자와 명철한 자, 혹은 어리석은 자와 지혜로운 자, 거만한 자와 슬기로운 자이다. 이들이 인간 사회에서 어떻게 존재하는지, 또 어떤 영향을 주는지 알게 해 준다. 주의할 것은 미련한 자, 또 명철한 자는 우리가 흔히 일상적으로 표현하는 어리석거나 지혜로운 자를 말하지 않는다. 잠언의 핵심 주제에 따르자면, 어리석고 미련한 자들은 여호와를 경외하지 않는 자이다. 반면 지혜로운 자, 명철한 자는 여호와를 경외하는 자이다. 그런데 잠언 기자는 하나님을 경외하거나 경외하지 않는 자의 특징이 어떻게 나타나고 있다는 것인가? "명철한 사람의 입의 말"(4절)이라고 했고, "미련한 자의 입술"(6절)이라고 하였다.

그러니까 언어생활은 그가 누구를 경외하는 자인지, 누구를 섬기고 있는 사람인지 보여 주는 것이 된다. 신약의 표현으로 하자면, 그리스도인인지 아닌지 그가 사용하는 언어로 알 수 있다는 뜻이다.

> 8 그러나 여러분의 생활 가운데서 이런 것들을 몰아내려고 힘쓰십시오. 분한 생각, 화를 내는 것, 다른 사람의 마음을 아프게 하는 말이나 행동, 선하지 못한 말들도 마찬가지입니다. 9 서로에게 거짓말을 하지 마십시오. 이제는 과거의 잘못된 삶에서 진정으로 벗어나야 할 때입니다(골 3:8-9, 쉬운성경).

옛사람은 하나님을 주인으로 모시지 않고, 스스로가 주인 되어 자기 욕망대로 사는 사람들이다. 옛사람이라는 특징이 무엇이라고 하였는가? 사용하는 언어가 다른 사람을 아프게 한다. 어느 날, 카페에서 책을 읽고 있는데 옆자리에서 두 여자 청년이 이야기하는 것을 엿듣게 되었다. 한 여자 청년이 자기 엄마가 불쌍하다고 하면서 이렇게 말하였다.

"우리 엄마 누가 알아주지도 않고 죽어라 개고생만 하고 개불쌍해.

아이씨~ 개짜증나. 인생이 개구려."

이런 말을 들었을 때, 어떤 생각이 드는가? 나는 그 이야기를 듣고는 그 엄마가 불쌍하다는 생각보다는 "그래 참 개불쌍하다. 그런데 엄마가 네 사용하는 말을 듣고 '나 불쌍하다'고 하기 전에 네가 쓰는 말부터 고쳐야겠다'라고 하겠다는 생각이 더 컸다. 사용하는 언어를 통해서 그의 됨됨이를 알 수 있다.

옛사람과 대조적으로 새 사람의 특징에 대해 "그리스도의 말씀으로 여러분의 삶을 풍성히 채우십시오. 주신 지혜로 서로를 가르치고 세워주기 바랍니다. 시와 찬양과 신령한 노래로써 감사한 마음을 하나님께 아뢰십시오. 여러분은 모든 말과 행동을 우리 주 예수님을 위해 하는 것처럼 해야 합니다. 하나님 아버지께 이 모든 것으로 감사를 드리기 바랍니다"(골 3:16~17, 쉬운성경)라고 하였다. 새 사람은 예수 그리스도를 통해 하나님의 용서를 받았다는 것, 하나님의 지식에까지 새롭게 된 사람이다. 바울은 신자가 예수 그리스도로 새로워졌으니, 옛사람처럼 탐욕으로 악하고 더러운 말을 사용할 수 없다고 하였다. 모든 말을 예수님을 위해 하는 것처럼 하라는 것이다.

그러고보면, 우리가 예수 믿은 후, 두드러지게 달라진 것은 언어생활이다. 옛날 같으면 낯간지러워 할 수 없었던 이야기들을 하고 다닌다.

"감사합니다. 축복합니다. 사랑합니다."

여자 청년이 자기 친구에게 교회 자랑을 했다. 그러면서 목사님이 너무 좋다고, 목사님을 사랑한다고 말했다. 그랬더니 갑자기 분위가 싸해지면서, 그 친구가 "너 그러면 안 된다"라고 하였다. 그래서 이 청년은 존경하는 마음에서 나오는 사랑이라고 한참 설명을 해 주었다고 했다. 또 어떤 남자 성도는 개인 일로 외국에 나갔다가 왔는데, 인사를 하면서 "목사님, 보고 싶었습니다"라고 하였다. 예수를 믿건 믿지 않건, 사람들은 그의 언어를 통해 대략 누구와 연결되어 있는지 짐작할 수 있다. 어느 날 편의점에 가서 청년과 함께 물건을 살 일이 있었다. 무엇을 살까, 어느 것이 좋겠다고 서로 이야기하면서 물건을 골랐다. 그랬더니 그 편의점 사장님이 대뜸 "종교인이세요?"라고 하였다. 머리카락은 있으니 불교인이라고 생각하지는 않았을 테고, 어떤 종교인으로 알았을까?

그가 조직세계에 있으면 조직세계에 속한 말을 한다. "형님, 쳐라, 부숴라" 그가 놀음이나 도박에 빠져 있으면 "섰다, 죽었다, 광팔아, 쌌어" 그 말들을 반복 사용한다. 주식에 빠진 사람은 자면서까지 잠꼬대로 "닥"을 찾는다. "코스닥, 나스닥" 그의 사용하는 언어가 무엇을 중요하게 생각하고 무엇에 영향받고 있는 사람인지를 드러내는 것이다. 그렇다면 우리는 어느 세계와 연결되어 있으며 누구를 섬기고 있는가? 신자는 우리를 죄에서 구원하신 예수 그리스도와 하나님 아버지를 섬긴다. 그렇다면 우리의 사용하는 언어를 통해 하나님과 깊은 교제를 나누고 있는 사람임이 드러날 수밖에 없게 된다.

이런 관점에서 솔로몬은 아버지로서 아들에게, 또 왕위를 이을 자에게 교훈하고 있다. 왕의 아들답게, 왕위를 이어갈 자로서 말의 미련한 자가 되지 않도록 당부하였다. 그 이유를 다음과 같이 알려 준다.

> 미련한 자의 입술은 다툼을 일으키고 그의 입은 매를 자청하느니라
> (6절).

미련한 자는 말로써 매를 자청한다. "자청하다"라는 단어는 "계속하여 매를 큰소리로 초청한다"는 뜻이다. 사용하는 언어가 그를 곤경으로 몰아가며 파멸에 처하게 만든다. "매를 번다"라는 그 말이다. 그럼으로써 자기 몸의 뼈가 꺾이고 몸을 부수는 결과를 가져온다는 것이다.

다음은 더욱 심각하게 말하고 있다.

> 미련한 자의 입은 그의 멸망이 되고 그의 입술은 그의 영혼의 그물
> 이 되느니라(7절).

미련한 언어의 결과가 "그의 멸망"과 "그의 영혼의 그물"이라고 하였다. 그의 말은 자기 삶을 완전히 황폐하게 만든다. 마치 사냥꾼이 짐승을 포획하기 위한 올가미나 덫, 갈고리처럼, 죽음의 위기를 자기 입술로 만든다는 뜻이다. 미련한 자의 말은 거미줄과 같은데, 자기 스스로 포획당하게 하는 올무가 된다. 말의 부메랑이다. 자기가 한 말이 자신에게로 돌아온다. 예수님이 하신 말씀을 들어 보라.

> … 내가 너희에게 말한다. 이 부주의한 말 한 마디 한 마디가 되돌아
> 와서 너희를 괴롭힐 것이다. 결산의 날이 올 것이다. 말에는 막강한
> 힘이 있다. 말에 신중을 기하여라. 말이 너희를 구원할 수도 있고,
> 너희를 저주할 수도 있다(마 12:36~37, 메시지).

평범한 회사원 이 씨는 세월호 희생자를 모욕하는 사진과 글을 SNS에 올렸다. 그는 글을 올리면 사람들이 관심을 가져줘 호기심에 그랬다고 했지만, 때는 늦었다. 그 사건으로 그는 경찰에 검거되었고, 실형을 선고받았다. 한 교회 직원은 자기 교회의 담임 목사에 대해 불평하는 글을 수시로 올렸다. 충분히 이해할 만한 부분이 있었다. 어느 때인가, 그를 평소 잘 알고 있던 교회에서 청빙하려고 했다. 하지만 그 교회 중직자들이 반대했다. 그가 SNS에 올린

비난의 글을 보았던 것이다. 사실이 옳고 그름을 떠나 이런 교역자라고 한다면, 그들 교회에서 함께 일할 수 없다는 이유에서였다. 각자 그들의 한 말이 자기에게 부메랑으로 돌아와 곤욕을 치르게 하였다. 그러나 미련한 자의 말은 여기에서 끝나지 않는다.

> 남의 말하기를 좋아하는 자의 말은 별식과 같아서 뱃속 깊은 데로 내려가느니라(8절).

미련한 자, 악한 자의 그릇된 말은 별식과 같아서, 다른 사람들은 별생각 없이 듣고 즐기게 된다. 하지만 다음이 중요한데, 8절 원문은 중간에 "그리고 그것들은"이라는 단어가 붙어 있다. 즉 "남의 말하기를 좋아하는 자의 말은 별식과 같다. 그리고 그것들은 사람들 뱃속 깊은 데로 내려간다"이다. 현대인의성경은 "나쁜 소문을 퍼뜨리고 다니는 사람의 말은 맛있는 음식과 같아서 사람들은 그것을 삼키기 좋아한다"(8절, 현대인의성경)라고 하였다. 그릇된 말이 다른 사람의 내면 깊은 곳까지 내려가 독소처럼 번져, 매우 깊은 영향을 준다는 것이다.

다산 정약용은 유배지에서 자식들에게 중요한 가르침을 전해 주었다. 그 첫째가 같은 폐족이라도 무리를 짓지 말고, 스스로 더욱 노력하라는 것이었다. 폐족이라면 그들의 친인척을 가리킨다.

잘못한 것도 아니고 당파 싸움으로 희생양 되었으니, 서로 동정할 만하다. 그러나 정약용은 친인척 사람들이 부정적인 말로 신세나 한탄하며 세월을 보낸다는 이야기를 전해 들었다. 그렇다면 자녀들이 그들로부터 악영향 받을 것이 틀림없다고 생각했던 것이다. 부정적인 말이 자녀들의 삶을 망가뜨릴 것을 알았던 까닭에 아무리 깊은 관계라 할지라도 당장 끊고 더욱 바른생활과 학문에 정진할 것을 권고하였다. 연세 드신 분들은 이런 이야기를 많이 들으셨을 것이다. 집안에서 교회나 목회자에 대해 부정적인 말들을 삼가야 한다는 말이다. 왜 그러냐 하면, 그 비난하는 말들로 가까운 가족이 교회나 목회자에 대해 부정적이어서 교회를 떠나는 경우가 많기 때문이다. 이것은 우리가 직간접으로 경험한 사실이다. 당장은 시원할 수 있으나, 부정적이고 어리석은 말이 자신과 공동체에 악영향으로 되돌아온다는 것을 잊지 않아야 한다.

그러면 우리가 하나님을 경외하는 명철한 자라면 어떻게 하라는 것일까? "명철한 사람의 입의 말은 깊은 물과 같고 지혜의 샘은 솟구쳐 흐르는 내와 같으니라"(4절) 강수량이 절대 부족한 이스라엘에서는 물이 곧 생명이다. 물이 있어야 목축과 풍족한 농작물을 생산할 수 있다. 그래서 물은 풍요로움을 상징하기도 한다. 명철한 자의 말이 그와 같다는 것이다. 그의 말은 마르지 않는 시내와 같아서 땅을 적셔주듯, 주변 사람들의 마음을 촉촉이 적셔준다. 미련한 자의 말이 슬픔과 고통만 안겨준다면, 명철한 자의 말은 유익을 주고 생명을 준다. 삶을 기름지고 풍요롭게 만든다.

바울은 에베소서에서도 옛사람과 새사람을 대조하면서, 새사람으로서 어떤 생활을 해야 할 것인지 그 덕목에 관해 말씀하였다. 대표적인 것이 이렇다.

> 말을 하려거든 남의 험담을 하지 말고, 다른 사람을 칭찬하는 유익한 말을 하십시오. 여러분의 말을 듣는 사람들이 도움을 받을 것입니다(엡 4:29, 표준새번역).

잠언 말씀은 아버지가 아들에게, 또 왕위에 오를 왕자에게 주는 교훈이라고 하였다. 그 교훈을 신약의 사도 베드로도 그대로 하고 있다. 베드로는 성도들을 왕 같은 제사장이라고 하면서 "여러분이 받은 것이 말이면 여러분의 말이 하나님의 말씀이 되게 하고, 여러분이 받은 것이 남을 돕는 것이면 여러분의 도움이 하나님의 진심 어린 도움이 되게 하십시오"(벧전 4:11, 메시지)라고 하였다.

신자는 하나님의 왕자이다. 하나님 나라의 유업을 이은 자이다. 그렇다면 신자는 하나님의 말을 해야 한다는 것이다. 그 말은 덕을 끼치는 말이 되고 사람을 살리는 언어가 되어야 하지, 다른 것이 될 수 없다고 하셨다. 명절에 불화로 다툼 일어나는 원인은 말씨가 불씨가 되기 때문이다. 그나마 있었던 왕래의 끈이 끊기고 만다. "가족 간에 못 할 말이 어디 있느냐, 또 가족 아니면 누가 이런 말을 해 주냐, 다 너희 걱정에서 하는 말이다"라면서 하지 말아야 할 말의 대못을 가슴에 박는다. "언제 결혼해? 애는 언제 가져? 언제 집 사? 언제 돈 벌려고?" 잘하든 못 하든 힘들여 장만한 음식을 다 먹고 한다는 말이 "김치와 먹는 게 제일이야"라고 한다. 그렇게 말하는 입은 사람의 입이 아니다. 교회 안에서도 금기어가 있다. 결혼 여부, 또는 이성 친구 여부, 하는 일, 사는 곳 등을 묻지 않아야 한다. 본인이 말하기 전에 알려고 하지도 말라. 그럼 입 다물고 있으라는 이야기이냐? 그렇다. 입 다물고 있어야 한다. 다만 할 일이 있다. "잘 왔다, 수고했다, 고맙다, 도와줄 것 없느냐, 예쁘다"라고만 하라. 누가 경우 있는 사람인가? 다른 사람의 자녀나 손주들을 칭찬하고 축복하는 사람이다. 경우 없는 사람은 다른 가족의 자녀나 손주들이 왜 이러냐 왜 저러냐고 하는 사람이다.

『말은 운명의 조각칼이다』라는 책에 이런 이야기가 실려 있다. 세계적인 천문학자의 강연이 있었다. 그 강연자와 엘리베이터에서 만난 한 남자는 자신도 어릴 적 천문학자가 꿈이었다고 하였다. 천문학자가 왜 꿈을 이루지 못했냐고 묻자, 누군가가 그에게 "천문학자? 돈도 안 되는 거 되어서 뭐 하려고?"라고 했다는 것이다. 그래서 죄책감 같은 것이 생겨 꿈에서 멀어졌다고 하였다. 그러나 천문학자는 자신이 어릴 적 천문학자 되고 싶다고 했을 때, 그의 삼촌은 "멋진 꿈이다. 넌 그 꿈을 꼭 이룰 거야"라고 격려해 주었다. 천문학자가 되고 싶었던 남자는 "그 말 한마디가 당신을 천문학자로 만들었군요"라고 했다.

천문학자는 손을 저으며 말했다.

"그게 아니었어요. 삼촌의 다음 말이었습니다. 삼촌은 '살아가면서 네가 천문학자라는 꿈을 말하면 어른들이 '돈도 안 되는 거 해서 뭐 하려고?' 그럴 때마다 이렇게 말하면 돼. 이 말이 너를 지켜줄 거야. '저는 돈을 세지 않을 거예요. 별을 셀 거예요.' 실제로 그 말은 내 꿈을 지켜주었습니다."

말이 그의 꿈을 지켜주고 인생을 지켜주었다.

우리는 왕 같은 제사장, 하나님의 왕자들이다. 주님은 우리에게 끊임없이 용기를 주신다. "내가 너를 사랑한다, 내가 너를 떠나지 않으마, 너와 영원히 함께하마, 걱정하지 마라, 세상과 원수를 이기도록 기꺼이 도와주마, 너를 축복하마"라고 말이다. 그렇다면 우리도 우리의 아버지 되신 하나님과 주님 예수를 닮아야 함이 당연한 일이다. 그렇다면 나의 언어는 다른 사람에게 하나님의 인격으로 생기를 주고 있는가, 독기를 주고 있는가? 다른 사람의 꿈을 깨뜨리고 있는가, 지켜주고 있는가? 우리의 언어로 다른 사람을 질식시키는 질소가 아닌, 회복시키는 산소 같길 바란다.

행동

버지니아 대학교의 심리학자 티모시 윌슨은 사람들이 하루에 의식하여 의도적으로 선택한 것은 모든 행동 중에서 5퍼센트에 불과하다고 하였다. 나머지 95퍼센트는 무의식적으로 선택하고 활동한다는 것이다. 사람의 대부분 행동과 행위는 무의식에 들어가 있어서 보이지 않는다. 그러다가 적절하다 싶을 때, 저절로 작동하여 행동하게 한다. 자동차 운전이 그렇다. 처음 배울 때는 손에서 쥐가 나도록 핸들을 꽉 붙잡는다. 그리고 하나하나를 의식해야만 작동시킬 수 있다. 하지만 일정한 시간이 지나면 의식하지 않아도 상황과 기회에 따라 적절하게 반응하게 된다. 이렇게 형성된 무의식적 습관을 철학자 아리스토텔레스는 "제2의 천성"이라고 했고, 심리학자들은 자동성(automaticities)이라고 말한다.

사람들이 모든 습득된 것들을 무의식화하는 이유는 그렇게 하는 것이 자신에게 이롭기 때문이다. 그것이 좋지 않을 수도 있고 긍정적 결과를 내놓지 않을 수도 있다. 그렇더라도 무의식화는 그 사람의 욕구를 이루도록 돕는다. 사람들이 생각하지 않아도 세상을 살아가는 방식이다. 그러나 신자인 우리는 의식적이든 무의식적이든, 그 활동들이 무엇에 영향받고 무엇을 위한 것인지 자세히 살펴보아야만 한다.

이 말씀은 앞의 13~23절까지 결론에 해당된다. 그 결론의 핵심 중 하나는 신자 안에 이미 성령의 욕구가 심겨 있으니 성령을 따라 행하라는 것이다.

> 그리스도 예수의 사람들은 육체와 함께 그 정욕과 탐심을 십자가에 못 박았느니라(24절).

"십자가에 못 박았다"라는 것은 이미 과거에 일어난 사건이며 되돌릴 수 없는 영원한 효력을 의미한다. 육체는 타락되고 부패한 인간 본성이다. 바울은 그 육체와 육체에서 나오는 정욕과 탐심까지 십자가에 못 박아 없애야 한다고 말씀하지 않았다. 예수 그리스도의 십자가는 이미 인간의 죄된 본성만이 아니라, 육에서 파생한 정욕과 욕심까지 모두 멸하였다. 그래서 신자는 갈보리 십자가 은혜로 성령이 주는 생명을 이미 얻었다.

3 그리스도께서는 신적 권능으로 우리에게 생명과 경건에 이르게 하는 모든 것을 주셨습니다. 그것은 우리가, 자기의 영광과 덕으로써 우리를 불러 주신 분을 알았기 때문입니다. 4 그분은 그 영광과 덕으로, 귀중하고 아주 위대한 약속들을 우리에게 주셨습니다. 그것은 이 약속들로 말미암아, 여러분이 세상에서 정욕 때문에 부패하는 사람이 아니라 신적 성품에 참여하는 사람이 되게 하시려는 것입니다(벧후 1:3~4, 표준새번역).

사도 베드로는 신적 성품을 얻도록 힘쓰라고 하지 않다. 이미 주셨다고 선언하였다. 기독교는 사람의 노력과 수고로 하나님의 생명을 얻어내는 종교가 아니다. 구원과 생명과 성령의 내주하심은 전적인 하나님의 은혜로 우리의 것이 되었다.

이러한 새인류가 신자이니, 바울은 신자에게 육체의 소욕을 극복하고 성령의 통제에 따라 행동을 다스리라고 말씀한다.

우리가 성령으로 삶을 얻었으니, 우리는 성령이 인도해 주심을 따라 살아갑시다(25절, 표준새번역).

하나님의 신적인 성품, 성령의 거룩한 욕구가 우리 안에 내재해 있다. 하지만 신자는 하나님의 통치를 거부하고 반역하는 이 세상에서 살아간다. 세상으로부터 육체를 따라 살도록 계속 유혹을 받는다.

이것이 갈라디아 교회가 겪고 있는 문제였다.

헛된 영광을 구하여 서로 노엽게 하거나 서로 투기하지 말지니라 (26절).

그들은 육체의 소욕을 따르도록 유혹받고 있었다. 그래서 서로 노엽게 하였으며 투기하였다. "노엽게 하다"는 것은 "화나게 하다"는 뜻보다는 "경쟁하다" "도전하다"의 의미이다. 그들은 가진 은사로, 신앙적인 자질이나 직분, 사람들의 평가, 종교적인 행위들로 다른 사람과 비교 경쟁하였다. 그렇게 하니 자만하기도 하고 다른 사람을 시기 질투하기도 하였다. 성령의 욕구에 따른 것이 아니라, 육을 따라 사는 모습이었다.

갈라디아서 5장 19~20절에는 "육체의 일은 분명하니 곧 음행과 더러운 것과 호색과 우상 숭배와 …"(갈 5:19a) 같이 육체의 욕구대로 살 때 나타나는 일들이 기록되어 있다. 그러나 형태는 여럿일지라도 하나의 공통점이 있다. 그렇게 해야만, 혹은 그것이 있어야만 자신이 가치 있어 사랑받고 인정받게 될 것이라는 생각이다. 달리 말하자면, 자신이 어떤 사람이라는 것을 보이려는 자기증명이다.

육체의 욕구대로 사는 삶의 목적은 자기증명에 있다. 바울은 골로새서에서 육체의 소욕을 따르는 사람들은 자기증명하려는 자들이라며 "그것을 따르는 사람들이 훌륭해 보일지 모르나, 그것은 다 사람들이 만든 종교적 관습들입니다. 거짓된 겸손으로 자기 몸을 괴롭히기만 할 뿐 …"(골 2:23a, 쉬운성경)이라고 하였다. 다른 사람에게 훌륭하게 보이고 괜찮은 사람으로 보여 자기를 증명한다는 것이다. 그로 인해 어떤 일이 필연적으로 생기는가? 다른 사람과 비교 경쟁함으로써 우월하다거나 열등하다고 하여, 노엽게 하거나 투기하는 일이 끊이질 않는다.

하지만 성령을 따라 사는 삶은 사람들의 평가나 인정에 휘둘리지 않아도 되는 삶을 말한다. 우리가 가치 있는 사람이라고 증명할 필요가 없다. 이미 예수 그리스도 안에서 가치 있는 사람이 되었다. 영원하신 사랑으로 사랑받는 주의 자녀이다. 성령 충만한 삶은 가장 자기 다운 삶을 사는 사람이다. 다른 사람의 인생을 부러워하거나 그를 흉내 낼 필요가 없다. 또 다른 사람의 인정을 얻어내려고 이리저리 뛰어다니지 않는다. 모든 사람의 인정을 받을 수도 없다.

브라질의 소설가 파울로 코엘료는 "모든 사람이 당신을 다 좋아한다고 하면 당신에게 무슨 문제가 있는 것이다. 당신은 모두를 기쁘게 할 수는 없다(If everybody loves you, something is wrong. You can't please everybody)"라고 하였다. 다른 사람의 기준이나 인정에 따라 산다면, 원치 않는 두려움을 갖게 될 것이다. 사람들의 평판에 신경 써야 하고 인정을 잃어버릴까 염려하기 때문이다. 자기 자신이 아닌 다른 누군가처럼 꾸며내야 하므로 거짓된 삶이 되기도 한다. 사도 바울은 사람의 판단이나 세상 인정으로부터 자유롭다고 말하였다.

> 3 나는 여러분에게 판단을 받든지 세상 법정에서 판단을 받든지 전혀 개의치 않습니다. 심지어 나 스스로도 나를 판단하지 않습니다. 4 나는 양심에 걸리는 것이 조금도 없습니다. 그렇다고 해서 내가 흠이 없다는 말은 아닙니다. 나를 판단하시는 분은 주님이십니다 (고전 4:1~5, 쉬운성경).

세상은 매일 매 순간 우리가 하는 일, 행위들로 존귀한 사람인지 아닌지 평가받도록 한다. 사람으로부터 인정받으면, 나는 존귀하고 가치 있는 사람이 된다. 인정받지 못하면, 나는 비천하고 쓸모없는 사람처럼 된다. 바울은 이와 같은 세상 원리에 반대하여 이렇게 선언하였다.

"나의 나 된 것은 사람들의 평가에 의한 것이 아니다. 자기 스스로가 어떻게 생각하느냐에 따른 것도 아니다."

그 이유는 "나를 판단하시는 분은 (오직) 주님"이시기 때문이다.

바울에게 중요한 것은 주님의 판단이다. 세상이나 자기 스스로 어떻게 생각하느냐가 아니다. 하나님이 그를 받으셨기 때문에 분주할 이유가 없다. 사람들에게 자신을 부풀려 보일 필요도 없다. 이것은 어떻게 살아도 상관없다는 뜻이 결코 아니다. 주님께 이미 사랑받고 가치 있게 여김 받았기에 우리 행동을 꾸밀 필요가 없다는 뜻이다. 가진 척, 있는 척, 아프지 않은 척, 가장 떨지 않아도 되니 안심하라는 말씀이다. 주님은 우리에게 이와 같은 복된 말씀을 선언해 주셨다.

> 그리스도께서 우리를 자유롭게 하려고 자유를 주셨으니 그러므로 굳건하게 서서 다시는 종의 멍에를 메지 말라(갈 5:1).

성령을 따라 살므로 자기증명하려는 가장에서 벗어나 자유한 기쁨이 있길 소망한다.

그러면 성령을 따라 살 때 적극적으로 나타나는 것은 무엇일까?

> 25 만일 우리가 성령으로 살면 또한 성령으로 행할지니 26 헛된 영광을 구하여 서로 노엽게 하거나 서로 투기하지 말지니라(25-26절).

"성령으로 행한다"는 말은 "줄을 서서 걷다"라는 뜻이다. 성령님은 그리스도인들이 따라가야 할 질서요 규율이 되신다. 성령님은 육체의 세력을 돌파할 수 있도록 도와주시며, 일상생활 속에서 윤리적인 행위들을 지도하는 안내자가 되신다. 성령님으로 인해 우리가 실천해야 할 윤리적인 행위는 이것이다.

> 13 형제자매 여러분, 하나님께서는 여러분을 부르셔서, 자유하게 하셨습니다. 그러나 여러분은 그 자유를 육체의 욕망을 만족시키는 구실로 삼지 말고, 사랑으로 서로 섬기십시오. 14 모든 율법은 '네 이웃을 네 몸과 같이 사랑하여라' 하신 한 마디 말씀 속에 다 들어 있습니다(갈 5:13~14, 표준새번역).

바울은 신자의 자유를 확신시켜 준다. 신자는 사람의 인정, 평가의 노예에서 자유하다. 그런 까닭에 예수 믿은 다음 일어난 변화 중 하나는 내게 있는 그대로를 받아들이고 기뻐하는 삶이다. 이것을 다시 한번 정리해 보자.

> 우리는 하나님의 사랑받았고 성령님이 내 안에 계신다.
> 그렇다면 자기를 증명하려고 가장된 삶을 살지 않는다.
> 자기 삶을 하나님의 선물로 받아 기뻐하고 즐거워한다.

동시에 기꺼이 사랑의 종 노릇 하는 자유를 누린다.

예수님의 생애를 통해 이를 알 수 있다. 로마 총독 본디오 빌라도는 유대 종교인들로부터 내란을 꾀했다고 고소당한 예수님을 만났다.

> 37 빌라도가 이르되 그러면 네가 왕이 아니냐 예수께서 대답하시되 네 말과 같이 내가 왕이니라 내가 이를 위하여 태어났으며 이를 위하여 세상에 왔나니 곧 진리에 대하여 증언하려 함이로라 무릇 진리에 속한 자는 내 음성을 듣느니라 하신대 38 빌라도가 이르되 진리가 무엇이냐 하더라 이 말을 하고 다시 유대인들에게 나가서 이르되 나는 그에게서 아무 죄도 찾지 못하였노라(요 18:37~38).

빌라도는 예수님에게 왕이 아니냐며 "진리가 무엇이냐?"라고 묻는다. 그에게 진리란 힘이며 그 힘을 사용하여 자기의 능력을 드러내 보이는 것이었다. 빌라도는 유대 종교인들이 시기심으로 예수님을 고소했다는 것을 알고 있었다. 그런 까닭에 그는 예수님을 향해 "진리가 무엇입니까? 당신이 유대 땅에서 일으켰던 수많은 기적의 능력으로 당신이 왕이라는 사실을 입증해 보이시오. 지금이 바로 그때입니다. 그것이 진리 아닙니까?"라고 한 것이다.

그러나 주님은 그의 질문에 더 이상 대답하지 않고 침묵하셨다. 주님은 사람들이 요구하고 바라는 다른 누군가가 되길 원치 않으셨다. 사람들의 기준에 따라 메시아 됨을 입증해 보이라는 유혹은 공생애 내내 있었던 유혹이었다. 그러나 예수님은 가장 자기 다운 자기, 가장 인간다운 인간이길 원하셨다. 주님은 이미 하나님으로부터 "이는 내 사랑하는 아들이요 내 기뻐하는 자라"(마 3:17)는 사랑과 인정을 받으셨기 때문이다. 그 말씀으로 하나님이 그분에게 요구하시는 삶을 기쁘게 받아들이셨다. 그리고는 침묵으로 십자가의 길로 나가셨다. 죄인을 위해 친히 사랑의 종 노릇 하신 것이다. 그래야만 죄인들을 구원하실 수 있었기 때문이다.

신자가 더 이상 육체의 소욕이 아니라 성령을 따라 사랑의 종 노릇 하는 삶이어야 하는 이유가 여기에 있다. 우리에게도 빌라도의 말 "진리가 무엇이냐?"라는 음성이 들리는 일이 무수히 있다. "너를 우습게 여기지 않게 너 자신을 증명해 봐"라고 말이다. 하지만 신자는 자기 증명하기 위해 분주한 사람이 아니다. 내가 너보다는 낫다, 내가 옳다는 것을 증명하고자 전화하고 문자 보내고 이 사람 저 사람 만나는 자들이 아니다. 그렇게 했음에도 아무런 소득 없다는 것을 경험적으로 알았다. 이제 그런 일을 그만하라. 그렇게 했는데도 마음이 편해지지 않는다. 또다시 일이 어떻게 되었나 궁금해서 전화하고 만나서 분노 쏟아내는 일을 반복적으로 한다. 좋지 않은 경험을 되풀이해서 생각하고 말하는 것은 나의 정서와 감정을 그 일 겪은 그때의 현장으로 데려가는 행위이다. 되풀이 말하는 것은 그 일에서 벗어나지 못하게 하고 더 큰 화만 돋우게 된다. 성령의 소욕을 따르지 않고 육체의 소욕을 따르는 행위이다.

대신 성령을 따라 사랑의 종 노릇 하라.

> 내가 이르노니 너희는 성령을 따라 행하라 그리하면 육체의 욕심을 이루지 아니하리라(16절) 성령으로 행할지니(26절).

성령을 따라 종 노릇 하면 육체의 소욕이 들어설 겨를이 없다는 것이다. 의도적으로 생각하고 의도적으로 행위에 옮길 것을 주문하고 있다. 성령의 행동, 사랑의 종이 되라는 것이다. 아리스토텔레스는 "올바른 행동을 함으로써 올바르게 되고, 절제 있는 활동을 함으로써 절제 있게 된다고 말하는 것이 옳다. 그런 행동을 하지 않는다면 어느 누구도 좋은 사람이 될 기회조차 갖지 못할 것이다"라고 하였다. 성령의 욕구에 따라 사랑의 종 노릇하면 육체의 소욕을 따르지 않게 된다. 적극적으로 성령을 따라 사랑의 종 노릇하라는 이유가 여기에 있다.

그러나 사랑의 종 노릇 할 때 염두에 두어야 할 것이 있다. 주변 사람에 대해 견뎌야 할 것을 작정해야 한다. 다른 사람을 사랑하려고 다가갈 때 놀라 자빠진다. 그와 나와의 차이가 너무도 확연하기 때문이다. 사람은 누구나 자기와 다르고 이질적이라는 사실을 받아들이기 힘들어한다. 그러나 우리가 사랑하기로 했다면, 견뎌야 하는 것이 가장 큰 일이다. 『하나님의 임재와 기도』를 쓴 마이클 웰스 목사님은 "그리스도의 승리하신 삶에 참여한다는 것은 우리 주위에 있는 사람들을 마지막까지 견디며 지키는 것이다"라고 하였다. 현재의 우리 배우자와 현재의 자녀와 현재의 목회자와 현재의 교회와 이웃들을 돌보며 지키는 것을 말한다.

  이것이 바로 신앙이고 주님이 가르쳐 주신 기도요 성령께 이끌림 받는 성령 충만한 삶이다. 예수님은 그렇게 많은 노력을 기울여 가르쳤음에도 나아진 것 없는 제자들을 보면서 실망한 채, 다른 새로운 제자들을 찾아봐야겠다고 하지 않으셨다. 그가 택한 제자들을 끝까지 지키셨다. 누구와 바꾼 일도 없다. 그들을 붙잡고 우리가 성경에서 만나는 제자요 사도로 만들어내셨다. 예수님의 승리이며 사랑의 종 노릇이다. 이 말씀을 기억해 보라.

  사람을 이용해서 물건을 사랑하는 것이 아니라 물건을 이용해서 사람을 사랑하는 것이 되어야 한다.

우리가 이 일에 부름 받았다. 성령께서 능히 도와주심을 믿고 사랑의 종 노릇 하는 일에 지배받는 삶이 되어 보자.

말씀

 20세기 신비의 문인 제임스 앨런은 "사람은 생각하는 대로 산다. 그렇지 않으면 사는 대로 생각하고 만다"라며 생각의 중요성에 대해 말하였다. 한 번쯤 들어봤을 생각이 행동을 넘어서 운명을 결정한다고도 하였다. 이와 비슷하게 최진석은 "한 개인이나 사회나 국가의 수준은 사실 그 개인이나 사회나 국가가 작동시키는 생각의 높이일 뿐입니다. 생각의 높이가 시선의 높이를 결정하고, 시선의 높이가 활동의 높이를 결정하며, 활동의 높이가 삶의 수준을 결정합니다. 결국 (생각은) 그 사람들이 이루는 (가치) 세계의 수준을 결정합니다. 그래서 생각을 추적하는 일은 매우 중요합니다. …"라고 하였다. 즉 생각이 자기 삶의 수준만이 아니라, 사회 공동체의 수준을 결정한다는 것이다. [생각-감정-태도-언어-행동]으로 이어져, 생각이 그 사람의 중심을 차지하고 있음을 알 수 있다.

 역사가 폴 존슨은 하나님이 없다는 실존주의 철학자 사르트르가 캄보디아에 어떤 영향을 미쳤는지 이렇게 말했다.

> 1975년 4월 이후 캄보디아의 인구 1/5~1/3을 도살한 무시무시한 범죄
> 들은 불어를 사용하는 중산층 지성인들, 소위 '더 높은 기관'(The Higher
> Organization)이라 불리는 그룹에 의해 조직되었다. 그 8명의 지도자 중
> 5명은 교사, 1명은 대학 교수, 1명은 공무원, 1명은 경제학자였다. 모두 다
> 1950년대에 프랑스에서 공부했는데 거기서 그들은 공산당에 소속될 뿐
> 아니라 사르트르의 철학적 행동주의와 '필연적인 폭력' 교리를 빨아들였
> 다. 이 대량살상자들은 사르트르의 이념적 후손들이었다.

하나님이 없다는 사르트르의 철학에 심취했던 사람들이 자국민
200만 명을 살육했다는 것이다. 생각은 필연적으로 어떤 결과를
만들어낸다.

어떤 생각을 하느냐는 그리스도인인 우리에게도 상당히 중요한
문제이다. 신자들의 싸움은 영적인 싸움이면서, 그것은 생각에 관
한 것이라고 할 수 있기 때문이다.

> 3 우리가 이 세상에 살기는 하지만, 세상이 싸우는 것과 같은 싸움
> 은 하지 않습니다. 4 우리의 무기는 세상의 무기가 아니라, 강한 요
> 새라도 파괴하는 하나님의 능력입니다. 우리는 모든 이론들을 파괴

하고, 5 하나님을 아는 지식에 대항하는 온갖 교만한 생각들을 물리쳐, 모든 생각들을 사로잡아 그리스도께 복종시킵니다(고후 10:3~5, 쉬운성경).

바울은 그리스도인의 싸움은 "생각 싸움"이라면서, 하나님을 대항하는 모든 생각들을 사로잡아 그리스도께 복종시키라고 말씀하고 있다.

우리말에 "하루에도 오만 가지 생각을 한다. 오만 가지 인상을 쓴다"라는 말이 있다. 실제로 사람들은 하루에 3만~6만 가지의 생각을 하며 지낸다. 그러나 5만 가지 생각이나 5만 가지 인상은 5만 가지 걱정에서 비롯된 말들이다. 그것들 대부분의 생각은 잡생각, 걱정 등 부정적인 것들이다. 그리스도인들에게 그러한 생각은 하나님 아는 지식에 저항하는 영적인 싸움으로 물리쳐야 할 것들이다. 하나님을 거스르는 생각들은 신자의 감정, 태도, 말에 영향을 주어 신자답지 못하게 한다. 또 자신과 공동체에 원치 않는 열매들을 맺게 한다.

그런 까닭에 성경은 신자의 마음이 무엇으로 채워지는지 주의해서 살펴야 하며, 생각을 새롭게 하도록 힘쓰라고 말씀한다. 예수님은 "선한 사람은 그 마음속에 선한 것을 쌓았다가 선한 것을 내고, 악한 사람은 그 마음속에 악한 것을 쌓았다가 악한 것을 낸다.

왜냐하면, 사람은 그의 마음속에 쌓여 있는 것을 말하기 때문이다"(눅 6:45, 쉬운성경)라고 하셨다. 사람은 생각이라는 창고를 가지고 있어, 그곳에 무엇인가를 쌓아놓았다가 말로써 바깥으로 꺼내 놓는다.

바울은 에베소서에서 "22 옛 생활을 청산하고, 정욕에 말려들어 썩어져 가는 낡은 인간성을 벗어버리고, 23 마음과 생각이 새롭게 되어 24 하나님의 형상대로 창조된 새 사람으로 갈아 입어야 합니다. 새 사람은 올바르고 거룩한 진리의 생활을 하는 사람입니다"(엡 4:22~24, 공동번역개정)라고 하였다. 신자는 이미 하나님의 거룩한 성품이 심겨 있다. 그런데도 바울은 올바르고 거룩한 진리의 생활을 하라고 말씀한다. 어떻게 말인가? 정욕대로 살려는 옛 생활을 벗어버리고, 그리고 "마음과 생각을 새롭게 하여" 새 사람으로 살라고 명령한다. 이미 우리 안에 신적 성품이 있다고 해서 가만히 있지 말고, 그 신적 성품이 너의 마음과 생각에 가득하여 삶을 주장하도록 계속 힘써야 한다는 것이다. 그렇지 않으면 의식하지 못한 순간, 옛 습관 정욕이 생각에 가득 차게 될 것이기 때문이다.

어느 사람도 자신의 마음을 비워둔 채로 놓아둘 수는 없다. 누가복음 11장에 예수님의 비유 중에 악한 귀신 들린 사람에 관한 말씀이 있다. 더러운 귀신이 한 사람에게서 나갔다. 그러나 있을 곳을 찾지 못하자, 그 사람에게 다시 돌아왔다. 와서 보니, 그는 깨끗이 청소되고 수리되어 있었다. 그러자 악한 귀신은 자기보다 더 악한 동료 일곱을 데리고 들어와 그 사람의 형편은 더욱 나빠졌다고 하셨다. 이 사람은 자신을 깨끗이 청소만 하면 그 상태가 유지되는 줄 알았다. 아니다, 그의 영혼과 생각에 선한 것으로 채워야 악한 것이 자리하지 못하는 것이다. 신비의 문인이라고 한 제임스 앨런은 "사람의 마음은 정원과 같아서 지혜롭게 가꿀 수도 있고 거친 들판처럼 버려둘 수도 있다. 하지만 가꾸든지 버려 두든지 반드시 싹은 돋아난다. 유용한 씨앗을 뿌리지 않는다면 어디선가 쓸모없는 잡초 씨가 날아와 무성하게 자라게 되는 것이다. 정원사가 자기 정원에서 잡초는 뽑아 버리고 자기가 원하는 꽃과 과일나무를 심고 키우는 것처럼, 사람은 자기 마음이라는 정원에서 그릇되고 쓸데없고 불순한 생각들은 없애 버리고, 옳고 유익하며 순수한 생각들의 꽃과 열매를 이상적인 모습으로 가꾸어 나갈 수 있다"라고 하였다.

그러므로 무엇을 생각의 양식으로 삼느냐에 따라 판단도 삶의 방향도 달라진다는 것에 주목해야 한다. 캐나다는 2005년 세계에서 4번째로, 동성 결혼을 허용했다. 그래서 어린이들에게도 동성애가 자연스러운 성향이라고 교육한다. 교과서에도 동성 커플에 대한 글과 그림이 나와 있다. 한 실험에 의하면, 한 남자가 다른 남자에게 꽃과 반지를 들고 청혼하는 그림을 보여 주었다. 신앙으로 교육받은 아이들은 이상하다며 매우 불편한 표정을 지었다. 그러나 어렸을 때부터 동성애가 자연스럽다고 교육받은 아이들은 "멋지다, 로맨틱하다"라고 하였다. 무엇을 생각의 양식으로 삼느냐에 따라 상반된 판단과 결정을 내리게 한다. 그리고 그러한 생각은 전혀 다른 인생을 살게도 하는 것이다.

그렇다면 우리 신자는 무엇을 생각의 양식으로 삼아야 하는가? 시편 119편은 176절까지 있는 가장 긴 시편이다. 시인은 여호와의 율법을 따라 행하는 자들에게 복이 있다고 말한다. 그래서 거의 매절 하나님의 말씀이 여러 표현으로 등장한다. 율법, 말씀, 도, 법도, 율례, 증거, 교훈 등이다. 그중, 본문은 하나님 말씀의 특별한 능력에 대해 깨닫도록 도와주고 있다. 그 특별한 능력을 세 가지로 요약할 수 있다.

첫째, 하나님의 말씀은 "우둔한 사람을 지혜롭게 하신다".

주의 말씀을 열면 빛이 비치어 우둔한 사람들을 깨닫게 하나이다 (130절).

우둔한 자를 어떤 곳에서는 단순한 어린아이로 묘사하기도 했다. 어린아이처럼 순진하다는 뜻보다는 이리저리 휩쓸리기 쉬운 사람을 뜻한다. 그는 하나님보다도 다른 사람의 말이나 환경에 쉽게 영향받는다. 맨해튼 대학의 도널드 그레이는 사람들의 삶에 흔히 작용하는 원리가 있는데, 그것을 "여론의 폭정"이라고 하였다. "이웃이 어떻게 생각할까, 친구들이 어떻게 생각할까"라는 다른 사람의 이목이 압박으로 작용한다고 하였다. 그것으로 하나님 편에서보다는 다른 사람들 편에서 행동하게 한다. 이에 신학자 존 휴 헤이는 사람이 성장하는 최선의 길은 "뿌리를 내리는 것"이라고 하였다. 그것은 하나님의 말씀에 뿌리를 내리는 것, 말씀으로 자신의 양식으로 삼는 것이다.

> 주님의 계명이 나를 원수들보다 돋보이게 하니, 주님의 계명은 시대에 뒤지는 법이 없습니다. 주님의 교훈을 숙고하고 내 것으로 삼았기에 내가 스승들보다 명석해졌습니다. 주님의 말씀대로 행했을 뿐인데, 내가 연로한 현자들보다 지혜롭게 되었습니다(시 119:98~100, 메시지).

우리나라 대기업에서 상무로 일하고 계신 장로님이 계셨다. 함께 일하는 팀 내에 있는 부장, 차장 등 상사들은 사원들에게 늘 심한 압박을 넘어 그들을 비참하게 만들었다. 그들은 다 국내 최고의 대학도 아닌 외국에서 공부하고 학위를 딴 사람들이었다. 그런 것들과 상관없이 성과를 내기 위해 밑의 사람들을 괴롭힌 것이다. 그럴 때마다 상무인 장로님은 그들에게 경고하셨고, 심지어 몇 사람을 불러 매우 질책하셨다. 어떻게 사람을 그렇게 대할 수 있느냐며 말이다.

그러면 그 팀의 성과가 좋으면 괜찮을 텐데, 성과가 나질 않았다. 그러자 회사 임원 그룹에서 그 사람들을 불러, 그 이유를 탐문했다. 이유가 뻔하게 되었다. 질책하지 않아서이고, 상무님이 그렇게 하지 말라고 해서 성과를 내지 못했다로 된 것이다. 그래서 상무 장로님이 해고당했다. 그냥 퇴직하게 하면 모양새가 좋지 않게 되니, 책상을 따로 빼서 계약직으로 일하게 했다. 그래도 이 장로님은 그런 부끄러움을 이겨내고 일했다. 그것이 믿는 사람의 모습이며 하나님 말씀대로 사는 것이라고 확신한 듯하였다. 하지만 그분을 아는 사람들은 다 안 됐다고 생각했다. 그러나 그것으로 끝이 아니었다. 몇 개월 후에, 다른 대기업에서 그분을 사장으로 스카우트해갔다. 그 모든 과정을 알고 보았던 사람들이 놀랐다. 하나님의 말씀은 우둔함을 깨우쳐 지혜롭게 한다. 그 지혜대로 살아 누가 명석한 자인지 깨닫도록 만든다.

**둘째, 하나님 말씀을 양식으로 삼을 때 "죄의 지배로부터 보호
해 준다."**

나의 발걸음을 주의 말씀에 굳게 세우시고 어떤 죄악도 나를 주관
하지 못하게 하소서(133절).

하나님의 말씀으로 악한 길, 죄의 지배에서 벗어나 정결한 삶을
살 수 있다는 고백이다. 죄는 매우 끈질기다. 사라진 듯하지만 사
라지지 않고 언제인지 모르게 나타나, 계속 악한 길로 끌어가려고
한다. 그러나 그 죄된 생각을 이길 수 있는 것은 하나님의 말씀이
다. 하나님의 말씀이 거짓된 것을 생각에서 벗겨내주신다.

한 사람의 배우자요 가족으로 가정을 지키고, 또 성도로서 자기
역할에 책임 다 할 수 있는 것은 우리 자신이 실력 있다거나 깨끗
해서가 아니다. 우리 안에도 오만 가지 죄악된 생각이 떠오른다.
그런데도 그 죄악 된 것에서 벗어나 살 수 있는 것은 하나님의 말
씀이 울타리가 되어주시기 때문이다. 하나님의 말씀이 그렇게 해
서는 안 된다, 신자답지 못하다, 그렇게 사는 것이 헛되다고 지속
해서 말씀해 주시는 까닭이다. 부모들은 자녀들에게서 어떤 일을
대할 때, 엄마 아빠의 목소리가 마음에서 들렸다는 이야기를 종종
듣는다. 하나님의 말씀이 우리 심령을 주장하기 때문에 깨끗한 삶,

아름다운 열매를 맺게 한다.

> 1 복 있는 사람은 악인들의 꾀를 따르지 아니하며 죄인들의 길에 서
> 지 아니하며 오만한 자들의 자리에 앉지 아니하고 2 오직 여호와의
> 율법을 즐거워하여 그의 율법을 주야로 묵상하는도다 3 그는 시냇
> 가에 심은 나무가 철을 따라 열매를 맺으며 그 잎사귀가 마르지 아
> 니함 같으니 그가 하는 모든 일이 다 형통하리로다(시 1:1~3).

시편 1편 3절 이하는 1~2절의 결과이다. 무엇으로 생각의 양식
으로 삼느냐에 따라 다른 결과를 만들어내는지 말씀하고 있다. 악
인들, 죄인들, 오만한 자들은 다 여러 사람들을 말한다. 전방위적
으로 그들의 꾀와 그럴듯한 정보들로 가득하다는 뜻이다. 그럼에
도 불구하고 말씀은 그것들로부터 지켜 시냇가에 심은 나무처럼
사시사철 열매를 맺게 한다.

**셋째, 하나님 말씀을 양식으로 삼을 때, "우리에게 소망과 활력
을 준다."**

> 주님의 증거는 언제나 의로우시니, 그것으로 나를 깨우쳐 주시고
> 이 몸이 활력을 얻게 해 주십시오(144절, 새번역).

하나님의 말씀은 죽은 영혼도 살리신다. 절망 중에 있는 자들이 소망을 얻게 한다. 런던 목양교회 송기호 목사님의 간증 글을 읽었다. 이분은 런던의 거지들에게 양복 입고 007 가방을 들고 가방 속에 성경을 넣어 전도했다. 비즈니스맨처럼 보이는데 시간 내서 거지들에게 말 걸어주니까 고맙게 생각하였다. 그리고 007 가방에서 성경을 꺼내 읽어보라고 부탁한다. 특별히 요한복음 3장 16절을 읽게 한다. 그러면 거지들이 최선 다해 성경을 읽는데, 성경을 읽다가 엉엉 울고 주님을 만난다는 것이다. 가장 짧은 시간에 거지 인생이 변화받아 새로운 삶을 살게 된다. 그리고 이제는 다른 거지들을 돕는 일을 한다. 다른 거지들도 교회에 출석하여 함께 말씀을 읽는다고 하였다.

> 47 내가 사랑하는 주의 계명들을 스스로 즐거워하며 48 또 내가 사랑하는 주의 계명들을 향하여 내 손을 들고 주의 율례들을 작은 소리로 읊조리이다 49 주의 종에게 하신 말씀을 기억하소서 주께서 내게 소망을 가지게 하셨나이다 50 이 말씀은 나의 고난 중의 위로라 주의 말씀이 나를 살리셨기 때문이니이다(시 119:47~50절).

"나를 살리셨다"는 것을 다른 번역본에는 "원기를 회복하다"라고 하였다. 말씀이 살게 하는 힘이 된다는 것이다.

그것을 알기에 시인은 하나님의 말씀을 읊조린다고 하였다. "읊조리다"는 말은 시편 119편에 8번 나온다. 개역성경에는 "묵상하다"로 되어 있다. 읊조리다, "묵상하다"의 어원 "메디타리 (meditari)"는 "주의하다, 밤새우다, 마음으로 생각하다"는 뜻이다. 이것은 끊임없이 되새기고 되새겨서 익숙해진다는 뜻이 있다. 또 이 묵상(meditation)의 영어 어근은 약(medicine)이다. 즉 묵상은 생각을 주님께 몰두함으로써 영혼을 회복하여 강건하게 하는 약이 된다. 조크로 성경을 신약, 구약이라고 한다.

미국의 메노나이트교회에서는 교회법이나 감독의 뜻을 거역하는 사람에게 내리는 회피(Shunning)라는 벌이 있다. 50세의 남성이 이 벌을 받게 되었다. 그 벌은 온 동네 사람들이 그를 회피하고 일정 기간 말 상대를 하지 않는 것이다. 놀라운 사실은 그 기간 그 남자의 몸은 마르고 머리가 희어지며 음성조차 변하고 늙어 버렸다는 것이다. 그보다 더 놀라운 사실은 회피의 징벌 기간이 끝나 사람들이 다시 말 상대를 해 주자 노쇠현상이 없어지고 원기를 회복했다는 것이다. 이와 같이 하나님의 말씀이 들리는 사람은 생각의 변화와 삶의 소망을 얻게 될 것이다. 하나님의 말씀을 사랑하고 그 말씀을 매 순간 읊조리라. 그 말씀이 우리 생각을 주장하게 하라. 그 말씀이 모든 불의와 악함, 이 시대정신으로부터 우리를 보호할 뿐만 아니라, 선한 열매 맺도록 도와주신다.

제3장

회 복

예배

1882년 영국 케임브리지 대학의 학생이었던 후퍼와 도르톤 등 몇몇 학생들은, 자신들이 그리스도인임에도 불구하고 왜 마음과 생활이 "세속적인 경향"으로 꽉 차 있고 무의미한 삶을 살아가는 것일까 고민했다. 그러다가 D. L. 무디의 집회에 참석하면서 그 원인을 알게 되었다. 그 원인은 첫 시간을 하나님께 드리지 않았기 때문이었다. 후퍼와 도르톤 7인은 날마다 첫 시간을 말씀 읽기와 기도로 하루를 시작하였으며, 그로 인해 풍성한 삶을 경험하게 되었다. 필요한 것이 아닌 필수적인 것을 따르는 우선순위를 바꾸니 그들의 인생 방향과 목적이 바뀌더라는 것이다. 오늘날 그들의 경건 훈련을 "경건의 시간"(Quiet Time, Q.T.)이라고 부른다. 이들을 "케임브리지 7인"이라고 하는데, 모두 상류층 집안의 아들들이었다. 그들이 누릴 수 있는 부와 안락함을 뒤로하고, 모두 경건의 훈련을 통해 중국 선교사로 평생 헌신하는 삶이 되었다.

신자에게 가장 우선 되어야 할 것은 하나님을 예배함이 되어야 한다. 우리의 선조들은 "사람의 최고의 목적은 하나님을 영화롭게 하고 영원토록 그를 즐거워하는 것이다."라고 고백하였다. "최고의 목적"이란 다른 목적들도 있다는 뜻이다. 우리는 돈을 벌어야 할 목적이 있다. 그래야 가정의 살림을 꾸려갈 수 있다. 우리는 공부를 열심히 해야 할 목적이 있다. 그런 가운데 자기 재능을 발견하고 발전시켜 갈 수 있기 때문이다. 우리는 취미 활동이나 건전한 스포츠를 즐겨할 목적이 있다. 그래야 마음의 여유를 가질 수 있기 때문이다.

그러나 그 모든 것들은 이것에 의해 지배받아야 하고 이것 아래 순위에 있어야 한다. 이것은 무엇인가? 하나님을 영화롭게 섬기는 것, 곧 예배드림이 신자의 최고 목적이며 최고의 기쁨이 되어야 한다. 무엇 때문에 하나님을 예배함이 신자에게 최고의 우선순위, 최고의 가치가 되는 것일까?

첫째, 하나님은 최고의 것을 받으시기에 합당하시기 때문이다.

1 웃시야 왕이 죽던 해에 내가 본즉 주께서 높이 들린 보좌에 앉으셨는데 그의 옷자락은 성전에 가득하였고 2 스랍들이 모시고 섰는데 각기 여섯 날개가 있어 그 둘로는 자기의 얼굴을 가리었고 그 둘

로는 자기의 발을 가리었고 그 둘로는 날며 3 서로 불러 이르되 거룩하다 거룩하다 거룩하다 만군의 여호와여 그의 영광이 온 땅에 충만하도다 하더라(1~3절).

이사야 선지자가 하나님의 영광을 본 때는 "웃시야 왕이 죽던 해"이다. 웃시야의 통치 기간은 다윗과 솔로몬 이후로 정치적으로 안정되었으며 경제적인 번영을 이룬 때였다. 웃시야는 앗수르 공격을 막아내는 일에 지중해 지역의 아시아 국가들 사이에서 정신적 지주 역할을 하였다. 그러나 웃시야 왕이 죽었으니 남유다의 운명은 풍전등화의 처지가 될 것임을 직감할 수 있었다.

그때 하나님께서 이사야에게 비전을 보여 주신다. 하나님은 높이 들린 보좌에 앉아계셨다. 높이 들린 보좌에 앉아계셨다는 것은 하나님의 통치는 인간 왕의 죽음과 전혀 상관없다, 하나님의 통치는 영원하다는 뜻이다. 뿐만 아니라 하나님의 위엄과 영광이 얼마나 크고 위대한지 "그의 영광이 온 땅에 충만" 하였다. 하나님의 영광에 무엇인가를 더 보태거나 채워야 할 것이 없다. 이에 스랍들조차 하나님의 위엄과 영광 앞에 두 날개로는 얼굴을 가리고 두 날개로는 두 발을 가린다. 그리고 두 날개로는 날면서 "거룩하다 거룩하다 거룩하다" 삼위일체 하나님을 찬송한다. 스랍들은 천상계의 영적 존재로, 죄가 없는 피조물이다. 그런데도 하나님의 영광 앞에서 자기들 얼굴과 부끄러움을 가릴 수밖에 없었다.

하나님의 영광이 충만한 가운데 하나님의 옷자락이 성전에 가득하였다. 유대인들은 결혼할 때 신랑은 자기가 사용하던 기도 숄(탈릿)을 신부에게 덮어준다. 이제부터 신랑이 신부를 보호해 주겠다는 뜻이다. 그와 같이 하나님의 옷자락이 성전에 가득하다는 것은 하나님의 보호를 의미한다. 진정한 남유다의 왕이 누구시며 자기 백성을 보호하는 분이 누구신가? 웃시야 왕이 아니라 하나님이시다. 착각하지 말라는 말씀이다. 애굽의 노예집단이었던 이스라엘의 시작과 과정과 완성을 이루시는 분은 하나님이시다. 그 하나님은 죽지 않으시며 변하지 않으시며 영원히 자기 보좌에 앉으셔서 자기 백성을 통치하시고 다스리신다. 환경이나 조건이나 국제 정세나 시대의 조류에 따라 달라지는 분이 아니시다.

예수님은 사마리아 여인에게 "하나님은 영이시니 예배하는 자가 영과 진리로 예배할지니라"(요 4:24)라고 하셨다. 예배하는 자는 영과 진리로 드리라고 하셨다. 영은 우리 속사람을 말한다. 진리는 진리의 말씀이다. 성령님을 의지하는 가운데 하나님의 말씀을 좇아 하나님께 온전히 집중해야 한다는 것이다. 왜 이렇게 해야 한다는 말인가? 우리가 성령님으로 말씀을 의지하는 가운데 하나님께 온전히 집중해야 할 까닭은, 하나님은 인간과 비교할 수 없는 "영"이시기 때문이다. 이것이 무슨 뜻인지 웨스트민스터 소요리문답

제4문을 통해 살펴보자.

> 제4문: 하나님은 어떤 분이십니까? 답: 하나님은 영이신데, 그의 존재, 지
> 혜, 권능, 거룩, 공의, 인자, 진실하심이 무한하시고 영원하시고 불변하
> 십니다.

이것을 표로 나타내면 이렇다.

대전제: 하나님은 영이시다

⇑

하나님은 어떤 영이신가? 무한하시며 무궁하시며 불변하신 영이시다

⇑

무엇에 무한하시며 무궁하시며 불변하신 영이신가? 존재, 지혜, 권능, 거룩하심, 공의, 인자, 진실하심에 있어서 무한하시며 무궁하시며 불변하신 <u>영이시다</u>

하나님은 영이므로, 우리를 사랑하심과 구원하심과 보호하심과 우리의 하나님 되심에 있어서 변덕스럽지 않으시다. 결코 변함이 없으시다. 하나님의 속성은 변할 수 없으니, 우리를 사랑하심에 있어서도 변할 수 없는 "하나님은 영"이시다. 우리가 가장 들어야 할

말씀은 하나님이 우리를 사랑하신다는 말씀이다. 하나님은 우리를 버리지 않으신다. 우리를 위해서 자기 아들 예수 그리스도를 십자가에 내어주기까지 하셨다. 변하지 않으며 영원하신 사랑이 하나님께 있다. 이것을 하나님 앞에 나가 예배함으로 깨닫게 된다. 그리고는 하나님만이 최고의 것으로 영광 받으시기에 합당하다고 고백한다.

둘째, 거짓된 가치의 실체를 밝히 드러내기 때문이다.

> 그 때에 내가 말하되 화로다 나여 망하게 되었도다 나는 입술이 부정한 사람이요 나는 입술이 부정한 백성 중에 거주하면서 만군의 여호와이신 왕을 뵈었음이로다 하였더라(5절).

이사야가 하나님의 영광을 보았고 스랍들의 거룩하다는 찬송을 들었을 때, 그의 첫 번째 반응은 "망하게 되었도다"였다. 표준새번역은 이를 "나는 부르짖었다. '재앙이 나에게 닥치겠구나! 이제 나는 죽게 되었구나!'"(5절 상, 표준새번역)라고 하였다. 그리고는 "(왜냐하면) 나는 입술이 부정한 사람이요"라고 하였다. 입술은 마음속에 있는 바를 보여 주는 증거가 된다. 이사야는 하나님 앞에서 용납될 수 없는 입술을 가지고 있다고 고백한다.

이사야의 아버지는 웃시야 왕과 형제이며 이사야는 히스기야 왕과 친구였다. 당대의 엘리트이며 지성인이며 왕족이다. 그는 경건한 사람이었다. 하지만 영광의 주님을 보니, 그에게 있는 신분, 학식, 영향력, 종교성, 그의 전 존재가 부정함을 깨닫는다. 부정한 백성과 다를 바 없이 자기 역시 망해야 할 자였다. 하나님의 영광을 목격한 사람들이 다 이와 같다. 다니엘이 천상의 존재를 보았을 때 "그러므로 나만 홀로 있어서 이 큰 환상을 볼 때에 내 몸에 힘이 빠졌고 나의 아름다운 빛이 변하여 썩은 듯하였고 나의 힘이 다 없어졌으나"(단 10:8)라고 하였다. 인간에게 있는 아름다움, 자랑, 내세울 만한 것이 있다 할지라도 하나님 앞에서는 쓰레기와 같을 뿐이다.

신자는 예배를 통해 하나님만이 우리에게 최고의 가치, 최고로 존귀하신 분임을 고백한다. 더불어서 거짓된 가치가 폭로되는 시간이 되기도 한다. 구약의 희생 제사에는 제물이 반드시 필요했다. 그 제물은 하나님이 정하신 기준에 일치되어야 한다. 하나님의 기준에 일치한 희생 제물은 사회나 자신에게 가장 가치 있는 것이 된다. 하나님 영광의 무게와 자기 죄에 상응하는 제물이어야 하기 때문이다. 지금도 그렇지만, 고대 세계에서는 더더욱 소, 양, 염소와 같은 짐승은 매우 큰 재산이었다. 제사 드리는 사람이 가져온 제물 머리 위에 자기 손을 올려놓고 기도하고 난 후, 짐승을 잡는다. 그러면 짐승은 피를 흘리면서 고통스럽게 죽는다. 이를 보면서 제사 드리는 사람은 자기 죄를 대신할 "대리 희생자", 곧 중보자이신 예수 그리스도를 온전히 소망하게 된다.

동시에 나에게 가장 가치 있고 소중하다고 여겨온 재물이 하나님 앞에서 파괴되고 소멸됨으로써, 내게 무엇이 중요한지 알게 된다. 하나님보다 더 앞선 가치는 아무것도 없다는 사실을 깨닫는다. 하나님과 우리 구주 예수 그리스도만이 신자에게 최고의 가치, 최고의 보화가 된다.

그러나 하나님의 영광을 보지 못하고 하나님의 임재를 체험하지 못하는 까닭에 허탄한 것들로 우리를 치장하려고 한다. 어느 대학, 대기업에 다니는지, 지적 능력, 여행한 나라들, 아파트 평수, 어떤 사람과 연락이 가능한지, 이런 것들이 최고의 가치요 기쁨이 되고 있다. 그것들로 신자 됨의 기쁨, 영광을 잃어버리면서 우울하게 지내는 것이 문제다. 사람에게 어떤 아름다움, 자랑, 내세울 만한 것이 있다 할지라도 하나님 앞에서는 쓰레기와 같을 뿐이다. 저장 강박증은 물건 사용 여부와는 관계없이 버리지 못하고 일단 저장하는 것을 말한다. 이 강박증이 있는 사람을 호더(holder)라고 부른다. 호더들은 저장한 물건에 둘러 있을 때 안락함과 안전함을 느낀다. 무엇이 이들을 쓰레기 더미에서 안전함을 느끼게 하는가? 이들에게 "가치 판단하는 능력과 의사결정 능력이 손상"되었기 때문이다. 버려야 할 것인지 가치평가를 내리지 못해 소중하게 저장해 놓는다.

　세상은 혼란스럽다. 무엇 때문에 혼란스러운가? 신자에게 무엇이 중요한지 그 가치 판단하는 능력을 손상하기 때문이다. 독일 히틀러의 입이었던 괴벨스는 대중 선동의 대가였다. 그는 거짓말도 계속 반복하면 듣는 사람에게 사실인 것처럼 각인되며 거짓을 말하는 자신도 믿게 된다고 하였다. 이것을 괴벨스 효과(Goebbels Effect)라고 한다. 그래서 이런 말도 있다. "거짓말을 100번 하면 그 거짓말이 사실로 된다." 일종의 괴벨스 효과이다. 세상은 이와 같다. 이것이 있어야 사람답게 사는 것이고 저것을 소유해야 사람들로부터 무시당하지 않는다고 말한다. 우리가 접하는 세상 대부분의 것들이 이런 거짓 신념들을 수없이 외치고 있다. 그에 따라 우리 스스로 성공과 실패를 규정한다. 일부의 사람들만이 아니다. 신자임에도 많은 사람이 이에 휘둘려 영적 무기력증, 영적 패배 의식에 사로잡혀 자신을 하찮게 여기며 살아간다.

　그러나 하나님께 나아갈 때, 무엇이 가치 있고 가치 없으며 버려야 할 것들을 깨닫게 한다. 혼란스러웠던 마음을 새롭게 한다. 삶의 방향을 뚜렷하게 한다. 우리는 하나님 없는 세상 사람이 아니라 하나님 섬기는 주의 백성임을 일깨워준다. 무엇으로 말인가? 예배를 통해서이다. 프랭크 루박 선교사님은 자신의 일기에 이렇게 기록해 놓았다.

> 1930년 4월 18일
>
> 이번에 하나님과의 교제에서 맛본 감동으로 인해서 이제는 하나님과 조
> 화되지 않는 것은 어느 것이든 역겹게 여겨집니다 … 하나님이 너무나도
> 가깝게 느껴지고 너무나도 다정스럽게 여겨져서 다른 것들에 대한 만족
> 이 모두 다 사라져 버리는 느낌이었습니다 … 이 경험을 한 후로부터는
> 다른 것들이 주는 매력이 싫어집니다. 그것들은 나를 하나님께로부터 멀
> 어지게 하기 때문입니다.

하나님 앞으로 나가 최고의 보화이신 예수 그리스도를 우리에
게 주신 하나님을 경배하며, 세상 정신으로부터 자유한 삶, 세상
정신을 하수로 여기는 능력과 은혜가 있길 바란다.

셋째, 하나님의 뜻을 따르는 담대함으로 무장할 수 있기 때문이다.

> 6 그 때에 그 스랍 중의 하나가 부젓가락으로 제단에서 집은 바 핀
> 숯을 손에 가지고 내게로 날아와서 7 그것을 내 입술에 대며 이르되
> 보라 이것이 네 입에 닿았으니 네 악이 제하여졌고 네 죄가 사하여
> 졌느니라 하더라(6~7절)

불은 죄악을 비롯하여 모든 더러운 것을 태워버리는 정화 능력을 말한다. 하나님께서 이사야의 죄를 깨끗하게 하시고 정결하게 하심을 선언하신다. 그에게 있는 모든 죄와 죄책감을 거두어 가신다. 신자는 예배드리는 중에, 예수 그리스도의 십자가 은혜로 모든 허물로부터 자유하게 됨을 확신하게 된다. 우리를 옭아매려는 사탄의 거짓을 믿지 말라. 우리는 자유하다.

우리는 주일을 논다고 하지 않고 "쉰다"라고 말한다. "쉬다"는 말은 "무장한다"는 뜻이기도 하다. 하나님의 말씀으로 무장하고 성령으로 무장하여 생기 충만, 활력을 얻게 된다. 정찬용의 『영어 공부 절대로 하지 마라』는 책이 있다. 이분은 독일에 유학 가서 6개월 만에 독일어를 익힐 수 있었다는 것이다. 자신이 했던 1단계에서 5단계 영어 학습법에 대해 썼다. 각 단계마다 방식이 있는데, 특이점은 각 단계마다 7일째 되는 날은 영어와 관련된 것은 눈으로 보지도 말고 듣지도 말라는 항목이 꼭 들어 있었다. 나는 이것이 이해되었다. 머리에 집어넣는다고 해서 다 기억하고 꺼내 쓸 수 있는 것이 아니다. 지식을 집어넣기만 하면 저장은 될지 몰라도 어디에 무엇이 들어 있는지 알 수 없다. 정작 꺼내 쓰려고 할 때, 마구 던져 놓은 것들을 헤집게 되어 필요적절하게 사용할 수 없다. 그러나 뇌 활동을 쉬어 줌으로써, 뇌는 기존에 저장되어 있는 것과 관계된 지식, 정보들을 서로 연결하여 같은 항목, 같은 공간에 저장하는 시간을 갖는다. 그럼으로써 지식 사용에 더 효율적이 된다.

신자는 주일에 예배 드림으로써 진정한 가치가 무엇인지 다시 깨닫게 된다. 그리고 진정한 가치 추구를 향해 나간다.

> 그 때에 내가 주님의 목소리를 들었다. 주께서 말씀하셨다. '내가 누구를 보낼까? 누가 우리를 위해 갈까?' 내가 말했다. '제가 여기에 있습니다. 저를 보내십시오.'(8절, 쉬운성경).

하나님으로부터 깨끗함을 입고 무엇이 가장 가치 있는 삶인지 깨달은 이사야는 하나님의 목소리에 반응한다. 자신이 세상을 향해 나가게 해달라고 말씀 드린다. 하나님께 드리는 예배는 이와 같다. 하나님 은혜를 확신하게 되며 최고의 가치이신 하나님과 예수님의 뜻을 따르는 담대함으로 무장한다.

다니엘은 이방 제국이 바뀌어 80세의 노인이 되어도 가장 높은 자리에 있었다. 그 이유는 그의 "민첩함"(단 6:3) 때문이었다. 민첩함은 다니엘의 첫 번째 특징이요 탁월함이었다. 그의 탁월함은 가장 탁월하신 영이 그 안에 계셨기 때문이다(because that an excellent spirit is in him, YLT). 다니엘은 느부갓네살 왕에게 "거룩한 신의 영으로 충만한 자"(단 4:8, 메시지)라고 불렸다.

어떻게 해서 다니엘은 탁월하신 영으로 충만한 사람이 되었을까? 다니엘은 바벨론의 환관장에게 말했다.

"우리는 하나님을 예배하는 자들이니 믿음으로 채식하겠으니 도와주십시오."

환관장이 열흘 동안 실험해 보니 다른 자들보다 더 건강하고 원기 왕성했다. 하나님만을 예배하겠다고 결단하며 자신을 드렸던 소년들에게 담대함을 주셨고, 하나님의 뜻을 이루는 탁월함의 은사를 주셨다.

> 하나님께서 이 네 젊은이들이 높은 학식과 함께 모든 일에 뛰어난 식견을 갖게 해 주셨다. 다니엘은 온갖 환상과 꿈을 해석하는 재능까지 받았다. … 그들이 그(느부갓네살)의 나라 모든 마술사와 주술사를 합친 것보다 열 배는 더 낫다는 것을 깨닫게 되었다(단 1:17, 20, 메시지).

하나님만을 예배하는 자에게 세상을 능히 이기는 은혜로 충만히 채워주신다. 하나님의 뜻을 따를 수 있는 탁월함을 주신다. 이 말씀을 기억해 보라.

> 나를 존중히 여기는 자를 내가 존중히 여기고 나를 멸시하는 자를 내가 경멸하리라(삼상 2:30).

하나님은 당신님을 무엇보다 무겁게 경외하는 자, 경배하는 자를 찾으신다. 그리고 그러한 자를 높이 세우신다. 무엇이 우리를 탁월하게 만들며 기쁘고 가치 있게 쓰임 받는 생애가 되게 하는가? 하나님을 예배하는 자이다.

찬양

유대인에게 "찬송문 모음집"이 있다. 여기에는 "계란을 먹을 때 하는 찬양", "별똥별을 보거나 아름다운 나무를 봤을 때 하는 찬양", "좋은 스승을 만났을 때 하는 찬양", "좋은 소식이나 나쁜 소식을 들었을 때 하는 찬양" 등이 있다. 모든 것이 찬양의 이유가 된다. 더 재미있는 사실은 이 찬송문에 하루 중 처음으로 드리는 찬양이 있다. 아침에 볼일 볼 수 있는 것에 대한 감사 찬양이다.

오 복되신 주님,

이 우주의 왕이시여,

당신은 인간을 지혜로 지으시고,

그들 안에 수많은 관과 통로를 만드셨습니다.

그것 중에서 닫혀야 하는 것이 하나라도 열리거나,

열려야 하는 것이 하나라도 닫히면

우리는 존재할 수 없고

당신 앞에 설 수도 없다는 것을

영광의 보좌에 계신 당신은 아십니다.

오 복되신 주님,

육체의 치료자시여,

당신의 행하심이 놀랍습니다.

이런 이유로 종교개혁자 마틴 루터는 그리스도인을 "이상한 새"라고 하였다. 가만히 생각해 보면, 신자인 우리는 어느 때나 찬양을 한다. 도무지 찬양할 자리가 아닌 죽음 앞에서도 노래한다.

나는 찬양으로 어려운 시절을 이겨냈다고 말할 수 있다. 기도의 자리가 찬양하는 곳이었고 찬양이 기도였다. 찬송 가사에 감정이 입이 되어 많이 울며 불렀다. 하나님을 온전히 찬양하는 것인지 아니면 서러움에 북받쳐서인지, 악을 쓰는 것인지 "주여 주여 내가 비오니 죄인 오라 하실 때에 날 부르소서"라며 부르짖었다. 그럼에도 하나님은 나를 불쌍히 여겨주셨다. 그리스도인의 또 다른 이름은 "하나님을 노래하는 사람"이다. 그러면 무엇이 신자를 노래하는 사람 되게 하였고 찬양하는 기쁨을 얻게 하는가?

하나님만이 구원의 기쁨을 주셨으므로 찬양한다.

5 와서 하나님께서 행하신 것을 보라 사람의 아들들에게 행하심이 엄위하시도다 6 하나님이 바다를 변하여 육지가 되게 하셨으므로 무리가 걸어서 강을 건너고 우리가 거기서 주로 말미암아 기뻐하였도다(5~6절).

1절에서 시인은 "온 땅이여 하나님께 즐거운 소리를 낼지어다"(1절). "온 땅아, 하나님께 환호하여라"(1절, 표준새번역)라고 하였다. 이는 귀청 떨어지도록 큰소리로 외쳐 찬양하라는 뜻이다. 2002년 한일월드컵 때 우리나라가 이탈리아를 연장 후반에 2:1로 역전승하였다. 그때 한 형제의 자동차를 타고 올림픽 대로를 달렸는데, 지나가는 자동차마다 경적을 울리고 여기저기서 "대한민국"이라고 외쳤다. 얼마나 소리를 질렀는지 목이 쉴 정도였다. 그와 같은 함성과 환호를 하나님께 돌리라는 것이다. 그렇게 하는 것이 하나님께 걸맞은 행위라고 권한다.

그 이유를 6절에 말씀한다. 하나님께서 바다를 육지로 변하게 하셨다. 그리고 무리가 그 강을 걸어서 건넜다. 거기서 우리가 주님으로 인하여 기뻐하였다. 바다를 육지로 변하게 하셨다는 말은 이스라엘이 출애굽 하여 홍해를 건넌 것이며, 또 무리가 걸어서 강을 건넌 것은 요단강을 건너, 거기서 주님으로 기뻐했다는 말은 가나안에 이른 것을 말한다. 이렇게 하나님께서 이스라엘을 자기 백성으로 삼아주신 것은 그들에게 자격이나 사랑받을만한 것이 있었서가 아니었다. 오직 이해할 수 없는 하나님의 사랑만이 그들을 건져내신 이유가 된다.

신약 성경으로 말하자면, 아무런 자격 없는 우리를 하나님이 그의 사랑으로만 구원하셨다는 것과 같다. 우리의 선하고 악함 정도에 따라서 구원이 결정되는 것이 아니다. 아브라함은 그의 의로운 행위와 삶의 결과로 천국 백성 되지 않았다. 아브라함은 자기 아내를 한 번은 애굽의 왕에게, 한 번은 블레셋 왕에게 자기 누이라고 속여서 잃을 뻔하였다. 그 아내를 통해서 약속의 자손 얻게 되리라는 말씀이 있었음에도 불구하고 말이다. 아브라함은 아내 사라를 애굽 왕에게 보낸 그 시간에 대가로 얻은 금은보화를 세고 있었다. 만일 우리가 이러한 사람을 알고 있다면 무엇이라고 부르겠는가? "아내 팔아먹은 놈"이라고 하지 않겠는가! 이런 사람을 친구로 사귀거나 속마음 터놓는 교제를 하려는 사람이 있겠는가!

아브라함은 순전히 하나님의 사랑과 은혜로만 "믿음의 조상"이 된다.

> 4 일을 해서 품삯을 받는 사람은 그가 받는 품삯을 당연히 받을 것을 받는 것으로 생각하지, 선물을 받는 것으로 생각하지 않습니다. 5 그러나 일을 하지 않는데도 품삯을 받는 사람이 있다면, 그가

경건하지 않은 사람을 의롭다고 여기시는 하나님을 믿기 때문에 하나님께서 그의 믿음을 보시고 의롭다고 여기시는 것이 됩니다 (롬 4:4~5, 쉬운성경).

또 다른 한 구절을 보자.

5 이와 같이, 지금 이 시기에도 은혜로 택하심을 입은 사람들이 남아 있습니다. 6 은혜로 된 것이면, 행위에 근거한 것이 아닙니다. 그렇지 않으면, 그 은혜는 이미 은혜가 아닙니다(롬 11:5~6, 표준새번역).

아브라함이 자기의 선행과 의로운 행위로 하나님의 백성 되었다면, 그것은 당연한 보상이요 대가이다.

그러면 질문해 보겠다. 아브라함은 자기 의로운 행위로 구원받은 것인가, 아니면 하나님의 선물로 받은 것인가? 순전히 하나님의 선물로 하나님의 백성 되었고 하나님의 친구라는 놀라운 축복을 받았다. 다시 질문한다. 신자는 의로운 행위로 구원받은 것인가, 아니면 하나님의 은혜로 구원받은 것인가? 좋다. 이번에 한 번 더 질문한다. 나는 나의 의로운 행위로 구원받은 것인가, 100퍼센트 하나님의 은혜로 하나님의 자녀가 되었는가? 그런데 "거듭남"

에 대해 "누가 거듭나야 한다고 생각하는가?"라고 물어보았다. 그랬더니 10명 중 9명은 자신이 거듭나야 한다고 하였다. 그래서 다시 물어보아야 했다. 예수 십자가의 은혜만이 나를 죄에서 건져 천국 백성 되게 하신 것을 믿느냐고 했더니, 다 믿는다고 했다. 이상한 답변이다.

> 8 … 우리가 전하는 메시지의 핵심이 바로 이것입니다. 9 하나님을 받아들이며 '예수가 나의 주님이시다'라고 말하십시오. 예수를 죽은 자들 가운데서 살려 내실 때 하셨던 일을 지금 우리 안에서도 행하고 계신 하나님의 일을 마음과 몸을 다해 받아들이십시오. 그렇습니다. 바로 그것입니다. 이는 여러분이 무엇인가 '해내는' 것이 아닙니다. 10 여러분은 그저 하나님을 소리 내어 부를 뿐입니다. 그분께서 여러분을 위해 일하실 것을 신뢰하면서 말입니다. 이것이 바로 구원입니다. … 13 '하나님, 도와주세요!'하고 외치는 사람은 누구나 도움을 얻습니다(롬10:8 하~10,13, 메시지).

우리는 구원과 영생을 얻기 위해 노력할 필요가 없다. 노력할 수도 없다. 그런데도 대부분의 성도가 자기의 실패와 넘어진 삶을 보면서 하나님의 백성 아닐지도 모른다, 하나님께 버림받을 수 있다는 생각으로 불안해 있다. 집의 아이들은 부모에게 야단맞았어도 금방 헤헤거린다. 엄마 아빠가 자기의 엄마 아빠라는 사실에 변함 없음을 안다. 잘못했다고 부모가 자기를 버린다는 생각은 꿈에서 조차 할 수 없다. 인간 부모는 달라질 수 있다. 그러나 하나님은 전혀 그러실 수 없다. 하나님은 인간이 아니시다. 하나님은 영이시다. 그런데 왜 능력 없는 자신은 보면서 능력 있으시고 신실하신 하나님은 보지 않는가? 나는 이것이 하나님을 마음껏 찬양하지 못하는 이유라고 생각한다.

3번이나 노벨 평화상 후보가 되었던 세계적인 록가수 U2의 보노는 이런 이야기를 했다.

진정 저의 무릎을 꿇게 한 것은 바로 은혜(grace)와 업보(karma)의 차이였습니다. 모든 종교의 중심에는 업보의 개념이 자리잡고 있습니다. '눈에는 눈, 이에는 이'처럼 뿌린 대로 거둬야 하는 것이죠 … 실제 법률에서도, 모든 행위는 그에 상응하는 만큼 갚아주도록 되어 있습니다. 우주의 중심에 업보라는 개념이 존재하고 있음이 틀림없습니다. … 그러나 은혜라는 개념은 이것을 완전히 뒤집어 버립니다. '거두었으니, 뿌릴 것'이라는 식으로 말입니다. 은혜는 합리성과 논리를 넘어섭니다. 우리가 행한 일에 사랑이 끼어들기 때문입니다. 저에게 이것은 정말로 기쁜 소식이었습니다. 저는 어리석은 일을 너무나 많이 저질렀기 때문입니다. … 업보라는 기준으로 판단 받는다면, 제겐 아무런 가망이 없을 것입니다. 그 기준은 저의 실수를 용납하지 않으니까요. 하지만 저는 은혜를 붙잡습니다. 십자가 위에서 저의 죄를 담당하신 예수님을 의지합니다. 그리스도의 죽음은, 그분이 온 세상의 죄를 지심으로써 우리가 행한 것들이 우리에게 돌아오지 않는다는 것을 의미합니다. … 우리를 천국으로 인도하는 것은 결코 우리의 선한 행위가 아닙니다.

하나님이 나를 사랑하셨다. 우리를 위해 예수 그리스도를 보내주셨다. 더 나빠질 수도 없고 더 좋아질 수 없는 상태, 하나님의 원수요 죄인이었을 때 말이다. 이것이 기독교의 복음이다. 나는 항상 하나님의 기준에 못 미친다. 나는 하나님의 선함을 만족시킬 능력이 없다. 내 생각과 마음은 죄악으로 얼룩져 있다. 나는 부끄럽다. 하나님 앞에 설 수 없다. 그러나 나는 하나님 앞에 담대하게 나온다. 하나님이 예수 그리스도의 십자가로 나를 용납해 주셨기 때문이다. 결혼생활이 깨졌다. 그러면 하나님의 사랑도 깨질 수 있는 것인가? 배신당했다. 그러면 하나님도 여차하면 배신하시는가? 하나님은 이리로 오라, 이리 와서 하나님의 사랑을 맛보라고 하신다. 내가 너를 안아주마, 회복시켜 주겠다고 말씀하신다. 예수 그리스도의 십자가 능력을 나의 것으로 삼으라고 하신다. 이것을 아는 사람이 하나님께 찬양을 드린다. 신자는 업보의 사람이 아니라 하나님 은혜의 사람이다.

모든 것이 하나님의 선한 도구로 사용되기에 찬양한다.

> 8 만민들아 우리 하나님을 송축하며 그의 찬양 소리를 들리게 할지 어다 9 그는 우리 영혼을 살려 두시고 우리의 실족함을 허락하지 아 니하시는 주시로다(8-9절).

8절은 하나님의 백성이라면 누구나 반드시 찬양해야 할 의무가 있다고 말씀한다. 다른 번역본에서는 8절과 9절 사이에 세미콜론 (;)으로 연결하고 있다(NIV). 문장 흐름에 따라 9절 앞에 접속사를 넣어 읽으면 좀 더 효과적이다. 이 구절에서는 "그리고"나 "왜냐하 면"을 넣어 읽으면 이해하기가 쉽다. 이렇게 읽어보자.

> 만민들아 … 찬송 소리를 들리게 할지어다 (왜냐하면) 그는 우리 영 혼을 살려 두시고 우리의 실족함을 허락하지 아니하시는 주시로다.

하나님은 자기 백성에게 생명을 공급해 주시는 분이다. 그뿐 아 니라 그 생명을 유지하고 보존하시는 분이다. 하나님의 유지와 보 존을 현상 유지라고만 생각해서는 곤란하다. 더 풍성한 사랑과 은 혜를 경험하게 하시는 유지와 보존이다. 이렇게 생각하는 근거는 다음 절에 나온다.

10 하나님, 주께서 우리를 시험하셔서, 은을 달구어 정련하듯 우리를 연단하셨습니다. 11 우리를 그물에 걸리게 하시고, 우리의 등에 무거운 짐을 지우시고, 12 사람들을 시켜서 우리의 머리를 짓밟게 하시니, 우리가 불 속으로, 우리가 물 속으로 뛰어들었습니다. 그러나 주께서 우리를 마침내 건지셔서, 모든 것이 풍족한 곳으로 이끌어 주셨습니다(10-12절, 표준새번역).

은을 단련함은 은을 없어지게 하려는 목적이 아니다. 불순물을 제거하여 은의 순도를 높이기 위함이 목적이다.

그것의 대표적인 예가 이스라엘 백성이다. 10절의 "시험하다"는 말은 "자세히 살피다"는 의미가 담겨 있다. 즉 하나님의 기준에 맞는지 맞지 않는지 살피는 것을 말한다. 뿐만 아니라 잘 견딜 수 있는지, 시험당하다가 죽는 것은 아닌지 하나님은 그 정도를 살피신다. 우리를 향한 하나님의 목적은 재앙이나 멸망당하는 것이 아니라 소망과 비전과 영예로움을 주기 위함이기 때문이다. 결과적으로 "우리가 불과 물을 통과하였더니 주께서 우리를 끌어내사 풍부한 곳에 들이셨나이다"(12절)라고 하였다. 고난 뒤에는 하나님의 위로와 상급이 기다린다. 그러니 시험이나 이해할 수 없는 일들이나 아픔 중에도 하나님을 찬양할 수 있다.

하나님을 찬양하는 것은, 내가 원하는 대로 하나님이 행하시리라는 생각에서 비롯된 것이 아니다. 그것은 내 생각대로 하나님을 조종하는 것에 불과하다. 하나님이 이 일을 허용하셨다. 하나님이 모르시는 중에 우연히 일어나는 일이란 없다. 좋지 않게 보이는 것, 악하게 보이는 일조차도 감사하며 찬송할 수 있다.

> 9 내 은혜가 네게 족하다. 네게 필요한 것은 그것이 전부이다. 내 능력은 네 약함 속에서 진가를 드러낸다. 나는 그 말씀을 듣자마자 이렇게 된 것을 기쁘게 받아들였습니다. 나는 장애에 집착하는 것을 그만두고 그것을 선물로 여기며 감사하기 시작했습니다. 그것은 그리스도의 능력이 나의 약함 속으로 쇄도해 들어오는 하나의 사건이었습니다. 10 이제 나는 약점들을 기꺼이 받아들입니다. 나를 낮추어 주는 이 약점들-모욕, 재난, 적대 행위, 불운-을 기쁘게 받아들입니다. 나는 그저 그리스도께 넘겨드릴 따름입니다! 그리하여 나는 약하면 약할수록 점점 더 강하게 됩니다(고후 12:9~10, 메시지).

바울은 약한 것, 고통 그 자체를 감사하고 찬양하는 것이 아니다. 그 고통 중에도 하나님의 일하심을 알기 때문에 감사하고 찬양할 수 있다고 말한다. 핵심은 이것이다. 고통, 악, 환난 그 자체에 집중하는 것이 아니다. 나에게 이 상황을 지배하는 힘, 대적할 수 있는 능력이 없다. 모든 상황을 지배하시는 주권자는 하나님이시다. 내가 악조건 속에서도, 설령 나의 미련함 때문에, 잘못된 선택으로 일어난 일조차도 감사 찬송할 수 있는 이유이다. 악한 사람이 주권자가 아니다. 실수를 저지른 내가 이 상황의 주인이 아니다. 다른 어떤 것도 주권자가 될 수 없고 하나님만이 주인이시다. 그 하나님은 자기 백성을 위해 일하시는 아버지 되신다.

> 여호와의 말씀이니라 너희를 향한 나의 생각을 내가 아나니 평안이요 재앙이 아니니라 너희에게 미래와 희망을 주는 것이니라 (렘 29:11).

이 말씀은 이스라엘이 잘했을 때 주신 것이 아니다. 이스라엘이 자기 죄악으로 멸망할 수밖에 없었고 나라도 민족도 삶도 다 망했다고 했을 때 이 말씀을 주셨다.

지금 나를 고통스럽게 만드는 것은 무엇인가? 나 자신의 못남 때문인가? 나의 못남과 어리석음으로 인해 하나님께 감사하고 찬양하라. 나의 출신, 생년월일, 키, 외모, 나의 학력, 배경에 감사하라. 나의 자녀가 속 썩이고 있는가? 그 자녀로 인해 하나님을 찬양하라. 배우자가 문제인가? 배우자로 인해 감사한다고 하나님께 말씀드리라. 질병으로 인해 신음하고 있는가? 하나님을 찬양하라.

무슨 일에든지 하나님께 감사하십시오. 이것이야말로 하나님께 그리스도 예수 안에 있는 여러분에게 바라시는 생활방식입니다 (살전 5:18, 메시지).

프렌즈 대학교 캠퍼스 사역자 패트릭 셀은 학생들에게 인간의 연약함과 상처가 다른 사람을 위해 쓰일 수 있음을 알게 해 주려 하였다. 그래서 종이상자를 주면서 부숴보라고 말했다. 학생들은 그 종이상자에 구멍을 뚫고 발로 짓밟고 완전히 박살 냈다. 패트릭 은 학생들에게 잘 보이도록 상자를 테이블 위에 올려놓았다. 그리고 가정용 전등을 가져다가 그 상자 안에 넣고 전원을 켰다. 빛이 상자의 뚫어진 틈 사이로 비쳤다. 예수님의 빛이 우리의 상처를 통해 더 잘 비친다는 역설이었다. C. S. 루이스는 우리가 방해물로 여기는 것이 실제로는 영적 생활의 원재료라고 하였다. 그의 말은 이렇다. 작은 막대기나 종이에 붙은 불에 석탄 덩어리가 공급되면 그 불이 오랫동안 타오를 것이다. 불의 밝기와 지속성은 현재의 상태를 훌쩍 뛰어넘게 된다. 그런데 불이 석탄을 방해물로 여긴다면 어떻게 되겠는가? 로버트 슐러 목사님은 "예수님은 당신의 상처를 별이 되게 하신다"(Jesus make turn your scar into a star)라고 하였다.

가이드 포스트에 부모를 잃고 할머니와 함께 살게 된 소녀가 있었다. 소녀는 버려졌다는 생각에 자신을 무가치하게 생각했다. 자연히 삶의 의욕도 없고 우울하기만 하였다. 다행히도 할머니는 주님을 의지하는 신자였다. 할머니는 어느 때나 찬송을 불렀다. 계단을 오를 때는 "저 높은 곳을 향하여 날마다 나아갑니다", 벽난로에 불을 붙일 때는 "불로 불로 충만하게 하소서" 목이 마를 때는 "예수님 목마릅니다 오시어 기름 부으소서" 설거지를 할 때는 "흰눈보다 더 흰눈 보다 더 주의 흘리신 보혈로 희게 하여 주옵소서"라고 찬송하였다. 그 소녀는 할머니의 찬양이 자기를 흑암의 권세로부터 건짐을 받게 하였다고 고백하였다. 하나님이 나의 주인 되심을 고백하라. 암울하고 길고 오래된 암흑과 같은 터널 속에서도 예수님이 우리의 길 되심을 선포하라. 하나님을 찬양하라. 우리의 영원한 주되신 예수 그리스도를 찬양하라. 눈을 들어 모든 것의 주인 되신 하나님을 바라보라.

기도

한 작은 소년이 아버지에게 배를 조종하는 법을 배우고 있었다. 소년이 배를 조종할 때 아버지가 그의 뒤에 바로 계셨다. 아버지는 자기가 아들을 도와주지 않으면 배가 바위에 충돌하거나 급류에 휩쓸릴 수 있다는 것을 알고 있었다. 그러나 아버지는 아들을 한 쪽으로 밀어내지 않았다. 아버지는 아들에게 조종 키를 맡기는 것이 더 낫다고 생각하고, 키를 잡은 아들의 손에 자기 손을 얹어놓아 함께 키를 움직였다. 아버지의 인도 덕분에 아들은 배를 무사히 잘 조종할 수 있었다. 기도는 이와 같다. 인생의 조종 키에서 무책임하게 내 손을 떼고 있는 것이 아니다. 나는 나의 인생의 키를 붙잡고 있다. 그러나 기도는 하나님께서 그의 능하신 손으로 우리 손 위에 얹으셔서 운전하시도록 구하는 것이다.

퓨리턴 리폼드 신학교의 교수이신 조엘 비키 목사님은 9살이었을 때 아버지가 "참 신자는 항상 가야 할 곳이 있는데 그곳은 바로 은혜의 보좌란다. 기도는 하나님께 나아가게 만드는 그분의 선물이다. 그분은 기도를 허락하시고, 기도를 들으시고, 기도에 응답하신단다"라고 말씀하셨다. 어떤 분들은 세상에서 가장 어리석은 사람이 시편 14편 1절에 나오는 말씀처럼 "하나님이 없다"하는 자라고 하였다. 그리고 여기에 비견될 만큼 어리석은 사람은 하나님이 계신다고 믿으면서도 기도하지 않는 사람이다. 하나님은 기도의 수단을 통해 우리와 말씀하신다. 모든 좋은 것을 주시겠으니 구하라고 약속하셨다. 기도는 신자에게 주신 특권이요 선물이다. 그러니 신자는 기도의 특권을 누리므로 기도의 기쁨 얻어야 한다. 기도의 기쁨을 누리기 위해서는 다음을 알아야 한다.

첫째, 예수님이 기도의 대가를 지불하셨다.

"그래서 향의 연기가 성도들의 기도와 함께 천사의 손으로부터 하나님 앞으로 올라갔습니다"(4절, 표준새번역) 천사는 기도에 수종드는 천사를 말한다. 천사가 성도의 기도를 하나님께 받아들여지게 하는 것이 아니다. 성도의 기도는 중간에 사라지거나 흩어지지 않는다. 하나님께 상달되고 있다. "올라갔다"라고 과거시제로 표현한 것은, 이미 과거부터 성도들의 모든 기도가 하나님께 올라가고 있었다는 것을 의미한다. 신자들의 기도는 하나님께 잊히지 않는다. 하나님이 귀하게 여겨 합당한 응답의 은혜를 주신다.

1절에서 "그 어린 양이 일곱째 봉인을 뗄 때에, 하늘은 약 반 시간 동안 고요하였습니다"(1절, 표준새번역)라고 하였다. 하나님의 주변에는 피조물을 상징하는 네 생물, 천상 교회를 말하는 이십사 장로가 있어 밤낮으로 찬송과 경배를 드린다. 그들에 이어 천상의 피조물들이 영원하신 하나님께 찬양을 드린다. 하나님의 보좌 주변에는 천둥소리와 같은 위엄의 소리가 들린다. 그런데 그 소리들이 잠잠해진다. 이유가 무엇일까? 성도들의 기도가 하나님께 상달되도록 일시적으로 침묵한 것이다. 우리가 하나님께 기도드릴 때 천상에 있는 모든 피조물이 잠잠해진다. 하나님이 못 들으시니 잠잠하다는 뜻이 아니라, 그만큼 성도의 기도를 귀히 여기신다는 뜻이다.

하나님은 무엇 때문에 이렇게 우리의 기도를 잊지 않고 귀히 여기시는가?

> 7 어린양은 앞으로 나아와 보좌에 앉으신 분의 오른손에서 두루마리를 받았습니다. 8 그러자 네 생물과 이십사 명의 장로들이 어린양 앞에 엎드렸습니다. 장로들의 손에는 거문고와 향이 가득한 금대접이 들려 있었습니다. 이 향은 하나님의 백성들이 드린 기도들입니다(계 5:7-8, 쉬운성경).

어린양이 하나님의 오른손에서 두루마리를 받았다. 하나님은 구속 역사를 계획하셨다. 하나님이 계획하신 구속 역사를 이룰 자는 아무도 없다. 오직 예수 그리스도뿐이신데, 구속 프로젝트를 성취하고자 하나님의 계획을 받아 드셨다는 말이다. 즉 예수님의 공로로 성도들의 기도가 하나님께 드려질 수 있게 되었다는 뜻이다. 하나님이 신자의 기도를 귀히 여기시는 이유는 그 기도에 예수 그리스도의 대가 지불이 있기 때문이다. 우리의 기도에는 예수님의 보혈이 묻혀 있다.

2016년 14살이던 케이틀린 짐머맨은 동생과 함께 길을 가던 중 음주 운전자의 차에 치여 숨지고 말았다. 사고로 두 아이를 잃은 부모님의 슬픔은 이루 말할 수 없었다. 그런 중에 케이틀린이 "사후에 장기 기증을 하고 싶다"는 말했다는 것을 알게 되어 심장을 기증하였다. 케이틀린과 동갑내기였던 알리 제프리스는 심장 질환을 갖고 있다가 성공적으로 이식 수술을 받았다. 수술 뒤 4개월이 지난 다음 알리의 어머니는 케이틀린의 부모님을 만나 감사 인사를 전하고 싶었다. 장기기증센터 주최로 케이틀린의 아버지 션과 알리가 만났다. 알리와 어머니는 감사의 마음을 이루 다 표현할수 없었다. 케이틀린 부모님은 청진기로 알리의 심장 박동 소리를 들었다. 그러면서 "케이틀린의 심장이 여전히 뛰고 있다는 사실은 우리 가족에게 마음의 평화를 가져다준다"라고 하였다.

우리가 예수 그리스도를 의지하여 기도드리는 것은 하나님께 예수님의 심장 소리를 들려드리는 일이다. 하나님은 그 소리를 들으시고 기뻐하고 귀히 여기신다. 예수님은 제자들에게 "내가 너희에게 바라는 것은 이것이다. 내가 너희에게 계시해 준 것과 일치하며 무엇이든 아버지께 구하여라. 내 뜻을 따라 내 이름으로 구하여라. 그러면 아버지께서 너희에게 반드시 주실 것이다. 너희 기쁨이 강둑을 넘쳐흐르는 강물 같을 것이다!"(요 16:23~24, 메시지)라고 약속하셨다. 또 "12 정말 잘 들어두어라. 나를 믿는 사람은 내가 하는 일을 할 뿐만 아니라 그보다 더 큰 일도 하게 될 것이다. 그것은 내가 이제 아버지께 가서 13 너희가 내 이름으로 구하는 것이면 무엇이든지 이루어주겠기 때문이다. 그러면 아들로 말미암아 아버지께서 영광을 받으실 것이다. 14 너희가 내 이름으로 구하는 것이면 무엇이든지 다 내가 이루어주겠다"(요 14:12~14, 공동번역개정)라고 하셨다. 예수 그리스도께서 우리의 기도가 하나님께 들려지고 응답되도록 그 모든 대가를 지불하셨다는 말씀이다. 우리는 그리스도만을 믿고 의지함으로 하나님께 나가기만 하면 된다. 하나님이 주신 선물을 왜 누리지 않겠는가?

크든 작든 유명이든 무명이든 교회의 역사에서 하나님이 사용하시는 사람은 누구인가? 또 신자로 복된 생애를 살아가도록 인도받은 사람은 누구인가? 동일한 원칙을 찾기는 쉽지 않다. 우선 실력이 뛰어난 사람을 사용하시기도 하나 반드시 그렇지만은 않다. 제자들은 학문이 없는 사람들이 다수였다. 인격이 출중한 사람들을 사용하시기도 하지만 그렇지 않은 경우들도 있다. 야곱의 인격을 출중하다고 볼 수는 없다. 배경이나 신분적으로 월등한 사람들도 있지만, 그렇지 않은 사람들이 더 많다. 그렇게 따져보면 하나님이 쓰시는 사람에 공통점이 없는 것 같다. 하지만 한 가지 원리를 찾자면 이것이다. 자신의 부족함을 깨닫고 하나님 앞에 무릎으로 나아가는 사람, 곧 "기도의 사람"이다. 하나님은 당신님이 주신 기도의 선물이 귀한 줄 알아, 그 특권으로 하나님 앞에 나가 구하는 사람들에게 주시고 역사하신다. 하나님께 나가 기도를 통해 예수 심장 소리를 들려드리라. 그러면 하나님은 기뻐하시고 응답하신다.

둘째, 기도에는 인내의 분량이 필요하다.

또 다른 천사가 와서 제단 곁에 서서 금 향로를 가지고 많은 향을 받았으니 이는 모든 성도의 기도와 합하여 보좌앞 금 제단에 드리고자 함이라(3절).

3절을 메시지성경으로 보자.

또 다른 천사가 금향로를 들고 와서 제단 앞에 섰습니다. 그는 엄청
난 양의 향을 받았는데 이는 보좌 앞 금 제단에 하나님의 모든 거룩
한 백성의 기도를 바쳐 올리기 위한 것이었습니다(3절, 메시지).

하나님은 요한계시록을 통해 세상의 종말과 심판을 말씀해 주
신다. 세상을 심판하실 것이라는 말씀 중에 신자들의 기도가 어떻
게 되는지 보여 주고 계시다. 우리의 기도는 알지 못하는 공중으로
흩어져 버리는 것이 아니다. 그 기도는 차곡차곡 금향로에 담아져,
예수님의 공로로 인해 하나님께 올라간다. 금향로에 많은 기도, 충
분한 기도가 차기까지 하나님도 기다리고 계신다.

하나님은 어느 때 바로 응답의 은혜 주시기도 하지만, 여러 경우
그 분량이 차기까지 기다리신다. 우리가 가난한 마음으로 하나님
만을 전적 신뢰하여 구하기까지 기다리시는 것이다. 신자에게 신
앙적 성숙은 인내로서 끝까지 하나님을 찾고 의지하는 것이다. 그
것이 기도의 분량이다. 예수님이 홀로 사는 여인과 불의한 재판장
에 대한 비유의 말씀을 들려주셨다. 그 비유의 목적이 무엇이라고
하는가?

예수께서 그들(제자들)에게 끈질기게 기도하고 절대 포기하지 말아야 할 것을 가르치려고 이야기를 들려주셨다(눅 18:1, 메시지).

그리고 이 비유의 결론 역시 이렇다.

6-7 예수님께서는 이 비유적인 이야기의 핵심을 짚어주셨다. '여러분은 그 불의한 재판관이 [속으로, 진심으로] 한 말을 들으십시오. 그가 한 말에 집중하십시오. 불의한 재판관도 끈질기게 찾아와 도움을 청하는 과부의 요청을 들어주었는데, 하물며 불의한 재판관과 비교할 수 없을 정도로 의로우신 하나님께서 그분을 향해 밤낮으로 부르짖고 기도하는 성도들의 억울함과 원통함을 바로잡아 주시지 않겠습니까? 하나님께서 그런 끈질기고 신실한 기도에 오랫동안 침묵하시겠습니까? 8 내가 분명하게 여러분에게 말하는데, 하나님께서는 끈질기고 신실한 기도에 신속하게 응답하시고 그런 성도들의 억울하고 원통한 문제를 반드시 바로잡아 주십니다. …'(눅18:6~8, 강산 역).

이 비유에서 예수님의 핵심은 세 가지인데 둘째부터 말하자면, 이것이다.

둘째, 하나님 자녀의 기도를 들으신다는 것이다.

셋째, 하나님은 오래 지체하지 않으신다.

그러니 첫째, 밤낮 부르짖으라, 응답 될 때까지 계속 기도하라는 것이다.

바울 또한 "쉬지 말고 기도하라"(살전 5:17)라고 하였다. 앤드류 머레이 목사님은 하나님의 자녀들이 저지르는 가장 큰 실수는 하나님의 뜻을 알 수 없다고 생각하는 것이고, 두 번째는 그 뜻을 알기 위해 충분한 수고의 시간을 들이지 않는 것이라고 하였다. 시간을 들여 하나님의 뜻을 알고 하나님의 뜻이 이루어지며, 하나님의 복된 응답이 자신에게 이루어지길 위해 충분한 시간, 많은 분량의 기도를 드리지 않는다는 말이다.

기도하고 낙망하지 말아야 할 것은 예수님이 친히 가르쳐 주신 기도의 좌우명이다. 기도의 분량이 차서 응답이 우리에게 기울어져 쏟아지기까지 멈추지 말아야 한다. E. M. 바운즈 목사님은 만일 아브라함이 소돔과 고모라를 위해 기도할 때 10명의 의인 찾는 것에 멈추지 않고 계속 구했다면 하나님께서 청원한 대로 주셨을지도 모른다며 "하나님께서 허락하시기 전에 아브라함은 구하는 일을 중도에 그쳤다"라고 하였다. 강산 목사님은 자기 경험담을 이야기하면서 "기도 매달리기"라고 하였다. 학창 시절 체력점수가 있던 시절, 체육 선생님은 고3 학생들에게 체력장에서 모두 만점

맞게 해 주겠다고 하셨다. 턱걸이를 1개도 못하는 아이들에게 "점심시간마다 철봉으로 나와 무조건 매달리고 있어라"라고 하셨다. 턱걸이를 하나도 못하는 친구는 그 말씀대로 쉬는 시간 점심시간마다 철봉에 매달리기에 힘썼다. 어느 날 이 친구가 턱걸이를 두 개, 세 개, 열 개를 하게 되었다. 매달리는 것이 처음에는 고통스러웠는데, 턱걸이하면서 정신도 맑아지고 공부도 더 잘 된다고 하였다. 그리고 체력장에서 만점을 받았다.

기도가 힘들어도, 잡생각이 들고 답답해도 주님을 바라보면서, 날마다 가장 소중하고 고요한 시간과 장소에서 매달리라는 것이다. 몇 마디의 기도가 시작되면 어느 순간 성령님과 함께 기도하는 사람이 된다. 천로역정에 나오는 은혜 씨는 기진맥진하는 중에도 문이 열릴 때까지 두드렸다. 그렇게 하라. 멈추지 말라. "기도 매달리기"의 인내로 응답의 기쁨을 맛보라.

셋째, 기도는 반드시 선한 역사를 가져온다.

4 그래서 향의 연기가 성도들의 기도와 함께 천사의 손으로부터 하나님 앞으로 올라갔습니다. 5 그 뒤에 그 천사가 향로를 가져다가, 거기에 제단 불을 가득 채워서 땅에 던지니, 천둥과 요란한 소리와 번개와 지진이 일어났습니다(4-5절, 표준새번역).

천사는 성도들의 기도가 담긴 향로에 제단의 불을 가득 채워서 땅에 쏟는다. 그러자 천둥과 요란한 소리와 번개, 지진이 일어났다. 이는 하나님께서 순교자들의 기도를 들으시고 그에 따라 심판하신다는 말씀이다.

그러나 기도를 반복적으로 언급함으로써 하나님은 모든 신자의 기도를 사용하신다는 말씀이다. 신자들의 기도를 통해 선한 역사, 구원의 은혜를 베풀기로 작정하기로 하셨다.

> 1 환난 날에 여호와께서 네게 응답하시고 야곱의 하나님의 이름이 너를 높이 드시며 2 성소에서 너를 도와 주시고 시온에서 너를 붙드시며 3 네 모든 소제를 기억하시며 네 번제를 받아 주시기를 원하노라 (셀라)(시 20:1~3).

환난 날은 전쟁을 말한다. 시인은 전쟁에 나가기 전, 하나님의 응답 주시길 소원하고 있다. 우리는 날마다 전쟁을 치르고 있다. 눈에 보이는 전쟁만 전쟁이 아니다. 내적 갈등, 영혼의 전쟁을 하루도 빠뜨림 없이 하고 있다. 원수는 주의 백성을 넘어뜨리려 그 틈을 노리고 있다. 우리에게는 매일매일이 환난 날이 될 수 있다. 환난의 날, 광야와 같은 시간을 보낼 때, 신자는 더욱 많이 하나님을 찾고 구하며 예배해야 한다.

지금이 환난의 때인가? 광야에 들어섰는가? 그러면 하나님을 더욱 간절히 찾아야 한다. 그때 하나님은 "응답하시고" "너를 높이 드시며" "너를 도와주시고" "너를 붙드시며"라고 하셨다. 하나님의 이야기가 담긴 미얀마 선교사님의 편지를 읽었다. '라카와교회'의 아웅 탄 목사님이 1년 3~4차례 코두(Kodu) 마을에 방문하면서 복음을 전했다. 정글에 위치한 이 마을에는 21가정 100여 명이 살고 있다. 놀랍게도 이 마을의 첫 개종자, 첫 신자는 무당이었다.

탄트 아웅이라는 무당에게 두 아들이 있었는데, 2019년에 태어난 둘째가 너무 아파서 밤새 울어댔다. 무당은 자기 신들에게 기도했지만 아무 소용이 없었다. 아기가 울며 고통스러워하는 것을 보니 너무도 마음이 아팠다. 그때 전능하신 하나님에 대해 설교하던 '라카와교회'의 아웅 탄 목사님이 떠올랐다. 아웅 탄 목사님은 예수님이 구세주이고 어떤 병도 고칠 수 있으며 누구나 그에게 기도할 수 있다고 하였다.

무당 탄트 아웅은 그 밤에 예수께 기도하기로 결심했다. 아웅 탄 목사님이 말했던 것을 조금 기억할 뿐이었다. 그러나 그것으로 그저 예수께 기도하였다.

"저는 당신을 잘 모릅니다. 지금 제 아들을 위해 기도합니다. 제발 내 아이가 나아서 잠들게 해 주세요. 아이가 아프고 잠 못 자는 것을 보니 너무 힘듭니다. 만일 제 기도에 응답하신다면 저는 이제 당신을 섬기겠습니다."

놀랍게도 몇 분 지나자 아기가 울음을 그치고 잠이 들었다. 다음날이 되어서도 아기는 더 이상 아프지 않았다. 무당 탄트 아웅은 너무 행복했다. 그리고 선교팀이 그 마을에 오기까지 기다렸다. 다음 달 12월에 아웅 탄 목사가 도착하자, 자기 집에 모시고는 온 가족이 세례를 받았다.

하나님은 모든 신자에게 말할 수 있는 기도의 입을 주셨다. 무당도 입을 열어 구하니 응답받았다. 우리가 열심을 품고 하나님께 기도해야 하는 이유는 응답하시겠다고 말씀하셨기 때문이다. 예수님은 "구하라, 찾으라, 문을 두드리라"고 말씀하셨다. 왜 그 말씀을 하셨겠는가? 구하는 자에게 얻게 해줄 것이며 찾는 자에게 찾게 해 주실 것이며 문을 두드리는 자에게 열리는 은혜를 주시겠다는 말씀이다. "얻지 못함은 구하지 아니하기 때문"(약 4:2)이다. 우리가 어리석게 구한다 할지라도 염려할 것이 전혀 없다.

칼빈은 "하나님은 인간으로서는 가늠할 수 없는 계획에 따라 일의 결과를 조절하셔서 믿음과 오류가 뒤섞인 성도들의 기도가 허사로 돌아가지 않게 하신다"라고 독려하였다. 하나님은 헤아릴 수 없는 지혜와 능력으로 우리의 어리석은 기도 내용까지라도 조절하여 가장 좋은 것으로 응답하신다는 뜻이다. 기도에는 낭비가 없다. 땅에 떨어지는 기도란 없다. 기도는 선한 역사를 반드시 불러

온다. 지금 어떤 상황에 있는가? 찬송가 96장 <예수님은 누구신가>의 작시자인 조셉 하트의 찬송시(1762년)를 들어보라.

> 고통이 닥치고 악이 짓누를 때
>
> 근심이 많고 두려움이 쌓일 때
>
> 괴로운 죄와 가책에 시달릴 때
>
> 네 앞에 답이 있느니 곧 기도라
>
> -조셉 하트(1762년)-

탁월한 신자는 탁월한 기도자이다. 우리가 받아들이든 받아들이지 않든 구함으로써 얻게 하시는 것이 "하나님의 법칙"이다. 기도는 막힌 것을 열며 매듭져 있는 것을 푸는 역사를 일으킨다. 역풍이 불지라도 순풍이 되게 하며 불같은 시험일지라도 정금같이 빛나는 은혜로 변화시킨다. 하나님께 강한 자가 누구인가? 하나님께 기도하는 자이다. 불필요한 일에 시간 낭비를 더는 허용하지 말라. 한 번이라도 더 하나님 앞에 나가 예수의 심장 소리를 들려드리라. 그리고 약속하신 은혜와 복을 얻으라.

헌신

삶을 살아가는데 필요한 5가지 자본이 있다고 말한다.

첫째가 경제적 자본이다. 소유하고 있는 물적 자본을 말한다. 쉽게 말하면 돈이다.

둘째, 지적 자본이다. 내가 알고 있는 지식과 관련된 것들이다.

셋째, 사회적 자본이다. 인간관계이다.

넷째, 심리적 자본이다. 낙관적이라든지 회복 탄력성 등 심리적 건강이다. 균형 잡힌 정서는 매우 중요하다.

그리고 다섯째가 정체성 자본이다. 한 마디로 "나는 누구인가?"를 이해하는 것이다.

이것을 이해하는 사람이어야 삶의 목적, 가치, 그에 맞는 비전을 소유할 수 있다. 그렇다면 이 다섯 가지 자본 중에 무엇이 우선이며 기본이 될까? 정체성 자본이다. 다른 자본이 탄탄하더라도 정체성, 자기가 누구인지 모른다면 헛될 뿐이다. 설령 다른 자본이 부족하더라도 자기에 대한 바른 이해는 그의 삶을 매우 가치 있게 한다.

그런데 일반적으로 정체성을 스스로가 만들어가는 것이라고 말한다. 어떤 이들은 습관, 어떤 이들은 성취감, 또 어떤 이들은 강점의 확대를 통해 정체성 자본이 쌓인다고 말한다. 일반 사람들이 말하는 정체성 자본이란 이력서에 쓸 수 있는 유무형의 소유들이다. 취미, 경험, 자격증, 학력, 문제 해결 능력 등이 여기에 속한다. 물론 중요하다. 하지만 성경에서 말하는 정체성 자본은 이것들과 다르다. 성경에서 말하는 정체성 자본은 전적으로 하나님으로부터 받는 것이다. 하나님께서 우리를 무엇이라 부르고 인정하시는지 알 때, 그에 맞는 삶을 살 수 있게 된다.

첫째, 헌신은 신자의 자기 이해에서 비롯된다.

> 그러므로 형제들아 내가 하나님의 모든 자비하심으로 너희를 권하노니 너희 몸을 하나님이 기뻐하시는 거룩한 산 제물로 드리라 이는 너희가 드릴 영적 예배니라(1절).

"그러므로 … 하나님의 모든 자비하심"은 로마서 1-11장까지의 내용을 모두 담고 있는 엄청난 말이다. 그러면 로마서 1-11장까지 바울이 무엇을 말했는지 보자. 성부 하나님께서 죄인들을 죄에서 건져내고자 아들 예수 그리스도를 이 땅에 보낼 것을 계획하셨다. 성자 예수님은 자발적으로 순종하여 이 땅에 사람의 몸을 입고 오셨고, 우리 죄를 용서하기 위해 십자가에 달려 죽으셨다. 그리고 영원한 생명의 약속과 확증으로 3일 만에 다시 살아나셨다. 성령 하나님은 성자 예수님께서 이루신 죄 용서의 죽음과 부활의 능력을 각 개인에게 적용하셨다. 성령님의 이끄심으로 신자는 마음을 열어 구원의 은혜를 받게 된다. 그리고 영원토록 하나님 나라에 이끄시는 은혜를 생애 가운데 맛보며 살게 된다.

이 모든 내용을 담고 있는 단어가 "그러므로 … 하나님의 모든 자비하심"이다. 신학자 아더 핑크는 하나님의 자비는 타락한 피조물들의 비극을 기꺼이 없애 주시려는 하나님의 성품이라고 정의하였다. 하나님의 자비로운 성품으로, 죄인이 비극적인 운명에서 하나님의 사랑받는 자가 되었다. 개선이나 탈바꿈, 변화가 아니다. 재창조이다. 사람들은 콩 심은 데 콩 나고 팥 심은 데 팥 난다고 말한다. 우리는 죄를 심었기 때문에 사망을 거둬야 한다. 이것이 업보이다. 프랜스시 톰슨의 "하늘의 사냥개"라는 시를 들어보라.

나는 그에게서 도망쳤습니다. 밤과 낮의 비탈길 아래로;

나는 그에게서 도망쳤습니다. 세월의 아치 저 아래로;

나는 그에게서 도망쳤습니다. 내 마음의 미로로;

그리고 눈물의 안갯속에

그를 피해 숨었습니다, 그리고 흐르는 웃음의 시냇물 속에,

조망이 활짝 트인 희망의 가로수 길로 달려 올라갔습니다.

그러다가 밀침을 받아 거대한 공포의 심연 속으로

쏜살같이 거꾸로 떨어졌습니다.

쫓고, 또 쫓아오는 저 힘찬 발을 피해.

그러나 서두르지 않은 추적으로,

침착한 보조로,

유유한 속도로, 위엄 있는 긴박성으로,

그 발소리 울렸습니다 - 그리고 발보다 더 급한 한 목소리 울렸습니다 -

"네가 나를 배반하기 때문에, 만물이 너를 배반하느니라."

　　프랜시스 톰슨은 한때 마약중독자였고 결국 폐결핵으로 생을
마쳤다. 그는 하나님으로부터 끊임없이 도망치고 또 도망치고 숨
는 자였다. 그러다 숱한 눈물과 온갖 수렁에 빠졌다. 그의 인생은
거절이요 자기 스스로에게도 배반당한 인생이었다. 그러나 하나님
은 그를 버려두지 않으셨다. 마치 사냥개가 사냥감을 놓치지 않고

끈질기게 추적하듯 사랑의 추적자가 되어 마침내 그를 그리스도의 옷으로 입혀주셨다. 그 사랑의 추적을 피할 수 없었음을 노래하는 시가 <하늘의 사냥개>이다.

영원하신 하나님이 말씀하신 내가 누구인지 생각해 보라. 하나님은 노아 홍수 심판 이후 다시는 물로 심판하지 않겠다며 무지개를 그 약속으로 주셨다.

> 내가 구름 사이에 무지개를 걸어 두겠다. 그것이 나와 땅 사이에 맺은 언약의 표가 될 것이다(창 9:13, 메시지).

무지개는 히브리어로 전쟁의 무기인 활을 말한다. 그것도 화살을 당긴 활의 모습이다. 그 활이 어디를 향해 있는가? 천체의 중앙, 즉 신이 거주할 것이라는 하늘 끝을 향해 시위를 당긴 형태이다. 이는 인간의 반역과 배반에도 불구하고 하나님 스스로 저주를 받아서라도 인간의 죄를 책임지겠다는, 이것을 "하나님의 자기 저주(self-malediction)"라고 한다. 죄인인 우리를 향한 하나님의 신비한 사랑, 말할 수 없는 은혜이다. 우리는 하나님께 반역한 것밖에 없다. 우리는 죄를 심었는데, 심판이 아니라 예수 생명을 얻게 되었다. 사람의 이성, 상식, 모든 것을 다 동원해도 이해할 수 없는 일이다. 바울은 이것을 "하나님의 모든 자비하심"이라고 말한다.

신자인 우리는 "하나님의 모든 자비하심을 입은 자"이다. 또 "하나님의 사랑받는 자"이다. 다른 무엇도 이것을 없애거나 대신할 수 없다. 나는 환경이나 곁의 사람, 천지개벽이 일어나도 그것들로 달라질 수 없는 "하나님의 모든 자비, 모든 사랑을 받은 자"이다. 돈이 있든 없든, 내 소유의 부동산이 있든 없든, 사람들이 인정할 만한 일을 하든 그렇지 않든, 하늘 아버지의 사랑을 받고 있다. 이 사실을 믿음으로 굳게 붙잡아, 무엇 앞에서든 담대하라.

둘째, 헌신은 하나님께로 방향 전환이다.

우리는 추적자이신 하나님으로부터 사랑과 자비를 입었다. 그러면 끝인가?

> 여러분의 몸을 하나님을 기쁘시게 하는 거룩한 살아 있는 제물로 드리십시오. 이것이야말로 여러분이 마땅히 드려야 할 영적인 예배입니다(1절, 쉬운성경).

구약 시대의 제사자는 제물의 짐승을 잡고, 제사장은 뜬 각을 단에 올려놓는다. 짐승의 껍질을 제외한 각 뜬 모든 부분이 단 위에서 완전히 불타 없어진다. 그 향을 하나님께서 흠향, 기뻐 받으신다. 남김없이 모조리 태운다는 이것이 번제의 특징이다. 그리고 이는 예수 그리스도께서 죄인들을 위해 자기 전부를 내어주는 예표가 된다.

바울은 번제단 위에 뜬 각을 올려놓듯, 신자의 몸을 주님께 드리라고 말씀한다. 영혼이라거나 마음을 드리라고 하지 않았다. 몸이라고 한 이유는 "마음은 그렇지 않은데", "목사님 제 마음 아시지요?"라고 하지 말라는 뜻이다. 마음도 아니고 영혼도 아니고 몸이 말하게 하라는 것이다. 이는 "하나님께서 구원해 놓았으니 그에 상응하도록 뭔가 해야 하지 않겠어"라는 책임추궁이 아니다. 예수님은 "네 마음을 다하고 목숨을 다하고 뜻을 다하고 힘을 다하여 주 너의 하나님을 사랑하라"(막 12:30)라고 하셨다. "다하고"는 주님을 으뜸으로 사랑하라는 말씀이다. 이것이 괴로운 일이며 마지못한 의무인가? 헌신에 대해 대단히 잘못된 생각과 태도를 지닌 경우를 본다. 하나님을 사랑하고 그만을 섬기라는 것은 대단한 영광이다. 우리 몸은 죄를 향해 있었다. 우리 몸의 욕망은 궁극적으로 하나님을 대적하는 자리에 있었다.

바울은 하나님의 자비하심을 얻기 전 우리 몸에 대해 이렇게 말하였다.

13 '그들의 목구멍은 열린 무덤이다. 혀는 사람을 속인다.' '입술에는 독사의 독이 있다.' 14 '입에는 저주와 독설이 가득 찼다.' 15 '발

은 피를 흘리는 일에 빠르며 …' 18 '그들의 눈에는 하나님을 두려워하는 빛이 없다.'(롬3:13~15, 18, 표준새번역).

신체 기관 하나하나가 무엇을 향해 있었는지 말해 준다. 하나님을 두려워할 줄 모르고 사탄의 종 노릇했다.

> 또한 너희 지체를 불의의 무기로 죄에게 내주지 말고 오직 너희 자신을 죽은 자 가운데서 다시 살아난 자 같이 하나님께 드리며 너희 지체를 의의 무기로 하나님께 드리라(롬 6:13).

전에 우리 몸은 불의의 무기였다. 그러나 신자는 더 이상 자기 몸이 하나님을 대적하는 일에 이용되지 않게 해야 한다. 하나님을 영화롭게 해 드리는 의의 무기로 사용되길 힘써야 한다.

하나님을 사랑하고 섬기는 일에 온전히 헌신하는 것은 우리의 기쁨이요 만족이다. 올바른 목적을 향해 있을 때 사람은 참된 만족과 기쁨이 생긴다. 삼중고, 눈과 귀와 언어에 장애를 가지고 있었던 헬렌 켈러는 "참된 행복이 어디에서 오는지를 잘못 알고 있는 사람이 너무도 많다. 참된 행복은 자기 만족으로 얻을 수 있는 것이 아니다. 오직 가치 있는 목적에 헌신할 때 비로소 참된 행복을 얻을 수 있다"라고 하였다.

존 제임스 오듀본은 미국 전역을 돌아다니며 야생의 새를 관찰하고 연구해 435종의 새를 그림으로 남겼다. 그는 "새에 미친 사람"으로 "조류학의 아버지"로 불렸다. 그가 남긴 그림들은 인류의 가장 아름다운 유산 중 하나로 평가된다. 한 번은 조그만 물새를 관찰하기 위해 뉴올리언스 근처 늪지를 찾아갔다. 그리고 고여있는 물에 목까지 잠그고 가만히 서 있었다. 치명적인 독을 품은 물뱀이 코앞에서 지나갔다. 큰 악어들이 몸을 스치고 지나갔다. 그는 이렇게 말했다.

"정말 머리털이 쭈뼛했습니다. 하지만 아주 흥분된 시간이었습니다. 그 새를 관찰할 수 있었거든요."

정신 나간 사람이 아닌가? 사람은 자신이 가장 사랑하는 것, 가장 자기 다운 것을 위해 기꺼이 자기 삶을 드릴 때가 기쁘다. 신자도 마찬가지이다. 자기 욕망대로 살았던 몸이었다. 이제는 목적과 방향을 바꿔 하나님의 영광을 위해 쓰임 받는 것은 특권이다. 헌신의 기쁨을 누리지 못한 이유는 내가 받는 사랑이 얼마나 큰지 모르고 있기 때문이다. 또는 헌신을 책임추궁으로 알기 때문이다. 하나님은 줬으니 받아야겠다고 하는 빚쟁이가 아니다. 하나님은 나를 불행하게 만드는 분이 아니시다. 내게 즐거워하는 것을 빼앗아가서 하나님의 배를 채우려는 그런 분일 수 없다. 하나님은 우리에게 예수 그리스도를 주셨다. 하나님은 은혜를 풍성히 주시고 또 주신다. 충만함에 더한 충만함을 주시는 분이 하나님이시다. 하나님은 내가 있어야 할 자리에 있어 최고의 가치를 발휘하도록 도와주신다. 죽음만을 가져오던 내 몸이 생명을 불러오는 일에, 다른 사람의 안위와는 상관없이 살던 내가 축복의 통로로 사용된다는 것, 이것처럼 기쁜 일이 어디에 있는가? 중국내륙선교회를 만든 현대 선교의 아버지인 허드슨 테일러는 이렇게 고백하였다.

> 나 자신과 내 친구들과 내 모든 것을 제단 위에 올려놓았을 때 그 제사가 열납 되었다는 확신이 내 영혼을 엄숙히 사로잡던 그 일을 나는 잊을 수 없습니다. 하나님의 임재가 말할 수 없이 실제적이고 복스러운 것이 되었으며, 내 기억에 나는 얼굴을 땅에 댄 채 형언할 수 없는 두려움과 형언할 수 없는 기쁨으로 그분 앞에 엎드려 있었습니다.

수많은 사람이 자기 욕망을 위해 살다가 욕망에 따라 죽는다. 그와 같은 세상에서 우리는 주님 사랑의 음성을 듣게 되었다. 그러면 왜 듣게 되었는지를 생각해 보아야 한다. 우리는 하나님의 이름을 찬송하도록 지음받았다. 하나님의 영광을 즐거워하고 그를 위해 살도록 지음받았다. 그것이 옳은 목적이다. 한쪽 발은 나를 위하고 한쪽 발은 하나님을 위한 것이 되어서는 기쁨이 없다. 자기 영광을 위해 사는 삶은 허무로 끝난다. 하나님의 영광을 위한 사람은 영원토록 하나님께 기억되며 그 삶이 복되다.

셋째, 헌신은 성공이 아니라 신실함이다.

문제는 이것이다. 우리가 하나님께 드려진 삶이라고 해서 항상 형통하지만은 않다는 점이다. 원하는 만큼, 혹은 기대하는 만큼 영향력을 행사할 수 없다는 사실을 인정해야 한다. 우리가 예수를 믿고 하나님의 영광을 위해 산다고 해서, 세계나 현실적인 상황이 달라져 있어 우리를 맞이하는 것이 아니다. 하나님의 일하심에 나를 드렸더니 미국 시민권이 나오고, 세계 어디를 다녀도 안전하다는 보증이 주어지지 않는다. 덤으로 주는 것도 없고 알아주는 것도 없다. 예수 믿을 때나 믿지 않을 때나 똑같다. 그것이 3절 말씀이다.

> 내게 주신 은혜로 말미암아 너희 각 사람에게 말하노니 마땅히 생각할 그 이상의 생각을 품지 말고 오직 하나님께서 각 사람에게 나누어 주신 믿음의 분량대로 지혜롭게 생각하라(3절).

신자라면 누구나 예수 믿는 사람으로 선한 영향력을 원하는 만큼 행사하길 원한다. 그것 자체로는 매우 좋은 생각이다. 그러나 내가 생각하는 것대로 이뤄지지 않을 수 있음을 받아들여야 한다. 어려움이 닥치고 원하는 바대로 술술 풀려나가지 않을 수 있다는 말이다. 막막하고 답답하고 체기가 있는 거처럼 "이게 뭔가?" 싶은 상황들을 마주 대할 때가 있다. 바로 그때 우리의 질문은 이것이다. "그와 같은 때에 우리는 하나님의 사랑받는 자로서 어떤 영광스러움을 나타내겠는가"하는 것이다.

우리는 어떤 상황이나 사람들을 조작할 수 있다. 예를 들면, 믿지 않는 가족들에게 밥도 안 해 주고 빨래도 안 해 주며, "알아서 해봐, 나 없으면 얼마나 불편하게 사는지 한번 당해봐라" 라는 식으로 말이다. 또 내가 지위를 얻고 힘을 쓸 수 있게 되었을 때, 일부러는 아닐지라도 그가 곤경에 처하게 만드는 것이다. 그렇게 해서 내 말을 듣지 않고 나를 곤란하게 한 것이 얼마나 어리석은 일인지 후회 하도록 만들 수 있다. 하지만 하나님은 그것이 하나님께나 우리 자신에게나 영광스럽지 않다고 말씀하신다.

예수님께서 이 땅에 오셨을 때, 하나님의 일을 하기에 가장 적합한 환경으로 만들어놓고 시작한 것이 아니었다. 국가적인 상황, 종교 정치 경제적인 상황은 최악에 달했다. 그런 상황에서 주님으로서 하셔야 할 일을 감수하셨다. 그곳에서 주님은 울부짖는 기도로 자기 길을 가셨다. 그것이 주님께서 이 땅에 오셔서 한 일이었다. 나는 예수님의 모범을 보고 만든 문장이 있다.

"하나님 앞에서 울고, 사람 앞에서 웃고"

신자인 우리는 하나님의 사랑 받는 자임에 틀림 없다. 하나님의 자녀 된 영광스러움으로 살아야 한다. 하지만 우리의 현실을 뛰어넘어 내가 원하는 바대로 다 이루어지는 것이 아니다. 우리는 여전히 세상에 매여 있다. 환경에 매여 있다. 가족에 매여 있다. 이것을 벗어나서 하나님의 영광스러움을 추구하려 하지 말라는 것이다. 매여 있는 곳에서 어떻게든 하나님의 영광스러운 자녀의 삶을 살아내라는 것이다.

> 내게 주신 은혜로 말미암아 너희 각 사람에게 말하노니 마땅히 생각할 그 이상의 생각을 품지 말고 오직 하나님께서 각 사람에게 나누어 주신 믿음의 분량대로 지혜롭게 생각하라(3절).

세상 사람들은 여차하면 벗어던진다. 약속도 직위도 역할도 관계도 자기 상황에 따라 다 무효화시킨다. 세상 사람들은 그렇게 할 수 있는 것 외에 다른 방법을 모른다. 이익이 되지 않으면 없애버리는 것밖에 선택할 수 없다. 세상의 비극인 이유이다.

하지만 신자는 다르다. 이것 아니면 저것, 저것 아니면 이것이라는 길 외에 하나님의 길, 하나님의 영광스러움을 나타내는 길이 있음을 안다. 신학자 데이비드 웰스는 미국의 목회자 중 60퍼센트 이상이 50명 정도의 교회에서 목회한다고 하였다. 지금의 상황은 더할 것이다. 그러나 열등감을 극복하며 자신을 실패자로 여기지 않고 그 자리를 힘써 지켜가겠느냐는 것이다. 기쁨으로 그 자리에서 섬기겠느냐, 그것이 하나님의 영광을 위한 헌신이다.

클래런스 조던이라는 사람이 있었다. 그는 미국 동남부 애틀랜타 근교에 "코이노니아"라는 이름의 농장을 세웠다. 예수님은 인종차별을 하지 않으셨으므로 누구든지 와서 함께 일하고 함께 소유하였다. 다른 백인들은 그를 "공산주의자", "깜둥이 연인들"이라고 비난하고 조직적으로 방해하였다. 공동체 사람들은 어떻게 할지 투표하기로 하였다. 투표 결과, 그저 할 수 있는 대로 열심히 일하며 서로 격려하며 그 고난을 견뎌 나가기로 하였다. 'KKK'라고 하는 백인 우월주의 극우단체로부터 공격을 받아 농장이 완전히 망가져 버렸다. 기자 한 사람은 클래런스를 비아냥거리며 "조던 씨, 박사 학위가 두 개나 있는 당신이 14년이란 세월을 쏟아부은 이 농장은 이제 폐허밖에는 남은 것이 없군요. 그래도 당신은 이제까지 해온 일이 성공적이라고 할 수 있겠습니까?"

클래런스는 "십자가처럼 성공적인 일을 하고 있습니다. … 우리는 성공적인 일을 하고 있는 것이 아니라 신실한 일을 하고 있습니다. 우리는 계속 이곳에 있을 것입니다. 잘 가시오!" 하나님의 요구는 성공했는가가 아니다. 하나님의 부르심에 신실하게 따라갔느냐이다. 조던의 신실한 헌신에 감명받은 밀러드 풀러는 자기 소유를 팔아 가난한 사람들을 위해 집을 지어주는 사역을 시작했다. 그것이 해비타트 운동이다. 그러니 클래런스 조던은 실패한 것이 아니다. 하나님은 영광 받으신 것이다. 우리가 매여 있는 그것에서 하나님의 이름을 찬송한다. 하나님의 원하신 바를 따르고자 한다. 그러니 우리에게 영광이다. 우리에게 자랑스러움이 된다. "하나님이 "떠나라. 다음 장소로 가라"라고 하시기 전까지 몸으로 그 자리를 지키라. 마음을 다해 섬기라. 하나님이 영광 받으신다.

본문 고전 12:20~27

교제

사람은 필연적으로 삼중적 관계로 맺어져 있다.

첫째로 인간은 하나님과 관계하는 존재이다. 이 관계를 통해 하나님의 존

재하심과 그 사랑을 나타낼 수 있다. 이것이 인간의 첫째 되고 가장 중요

한 관계이다.

둘째는 인간은 피조물과 관계하는 존재이다. 인간은 자연을 섬기는 지배

자로 보존과 선용과 발전을 이루도록 명령받았다. 이로써 하나님의 자비

로운 통치를 드러내게 된다.

셋째로 인간이 된다는 것은 다른 사람과 관계하는 존재가 된다는 뜻이다.

다른 사람을 받아들이지 않는다는 것은 인간 됨의 본래 의미를 잃어버리

는 것이다.

사도신경에서 신자가 크게 세 가지를 믿는다는 고백이다.

> 첫째는 하나님이 전능하신 아버지 되시고 천지의 창조주이심을 나는 믿습니다.
>
> 둘째는 예수께서 그리스도이시고, 하나님의 유일한 독생자시고, 우리의 주이심을 나는 믿습니다.
>
> 셋째는 성령 하나님께서 보편 교회를 세우시고, 성도의 교제를 가능케 하시고 육신의 부활을 가져오시고, 죄를 사하시고 영생 주심을 나는 믿습니다.

"성령께서 성도의 교제를 가능케 하심"을 믿는다는 고백이 들어있다. 본래 사도신경은 세례를 받을 때, 고백해야 하는 믿음이다. 세례는 "씻는다"는 뜻보다는 "담그다, 하나가 되게 한다"는 의미가 더 크다. 이는 성령을 통해 신자가 예수 그리스도와 연합하여 하나 되며 이것을 바탕으로 성도의 교제가 가능하게 되었음을 믿고 따른다는 말이다. 그러니 성도의 교제는 신자에게 허락해 주신 하나님의 특별한 선물이다.

첫째, 하나님은 성도의 교제를 매우 좋아하신다.

본문은 12절에 이어지는 말씀이다.

> 몸은 하나인데 많은 지체가 있고 몸의 지체가 많으나 한 몸임과 같
> 이 그리스도도 그러하니라(12절).

하나의 몸에 많은 지체가 있다고 하면서 그리스도도 많은 지체들
로 구성되어 하나를 이루고 있다고 말씀한다. 또 "우리가 유대인이
나 헬라인이나 종이나 자유인이나 다 한 성령으로 세례를 받아 한
몸이 되었고 또 다 한 성령을 마시게 하셨느니라"(13절)라고 하였다.
성령께서 교회의 머리 되신 그리스도 안에서 구분 없이 한 몸이 되
게 하셨다. 신자는 예수 생명으로 살기 위하여 그리스도의 몸에 접
붙임 받았다. 신자는 서로 그리스도와 연합되었으므로 필연적 하나
됨을 이룬다. 이것은 하나님의 계획이며 하나님의 기쁨이다.

하나님은 자신을 복제하거나 다른 신을 창조하지 않으셨다. 그
러나 하나님의 영광을 가장 잘 드러내도록 자기 형상을 따라 인간
을 창조하셨다.

> 여호와 하나님이 이르시되 사람이 혼자 사는 것이 좋지 아니하니
> 내가 그를 위하여 돕는 배필을 지으리라 하시니라(창 2:18).

남자가 너무 많을 일을 하기 때문에, 혹은 쓸쓸하고 적적하여서 여자를 창조하겠다고 하지 않으셨다. "혼자 사는 것이 좋지 아니하니"는 외롭다는 것을 뜻하기보다, 남자 혼자는 공동체의 원형이신 삼위일체 하나님을 제대로 반영할 수 없다는 말이다. 이 말씀은 남자, 여자 결혼만이 아니라 "나와 너"의 사회 단위, 공동체의 교제를 말한다.

하나님은 하나 됨 안에서 성부 하나님, 성자 예수님, 성령 하나님, 세 위격으로 존재하신다. 삼위일체 하나님은 어느 한 위격에 종속되거나 지배하지 않으시고 영광과 권능에 있어서 동등하시나 완전한 사랑으로 하나 됨을 이루신다. 완전하신 세 위격의 한 하나님의 형상을 반영하도록 지음 받은 것이 인간이기에, 인간의 하나 된 모습을 하나님이 기뻐하신다.

> 26 하나님이 말씀하시기를 '우리가 우리의 형상을 따라서, 우리의 모양대로 사람을 만들자. 그리고 그가, 바다의 고기와 공중의 새와 땅 위에 사는 온갖 들짐승과 땅 위를 기어다니는 모든 길짐승을 다스리게 하자' 하시고, 27 하나님이 당신의 형상대로 사람을 창조하셨으니, 곧 하나님의 형상대로 사람을 창조하셨다. 하나님이 그들을 남자와 여자로 창조하셨다(창 1:26-17, 표준새번역).

하나님 "우리"라는 복수를 사용하셨다. 그리고 삼위 하나님은 서로 말씀하셨다. 말씀하셨다는 것은 관계 지향성을 보여 준다. 삼위 하나님은 완전한 공동체의 원형이 되신다. 공동체의 원형이신 하나님을 닮아, 사람의 본성에는 관계, 교제를 갈망함이 새겨 있다.

미국 다트머스 의과대학은 의사와 청소년 전문가, 사회학자들과 팀을 이루어 정신적인 혼란, 주의력 결핍, 사회성의 약화 등의 원인이 무엇인지 자세히 검토해 보았다. 연구자들의 보고에 의하면 "태어나는 순간부터 아기의 두뇌에는 생물학적으로 이미 누군가와 관계를 맺게끔 형성되었다는 것을 모든 과학적 연구가 보여 준다"라고 하였다. 그리고 그들의 보고서 요약은 이러했다.

- 미국의 어린이들에게 이런 위기가 초래된 것은 상당 부분 관계의 결핍 때문이다. 여기서 말하는 관계란 두 가지 종류인데, 하나는 타인과의 밀접한 관계를 말하고, 또 하나는 도덕적, 영적 의미와의 깊은 관계를 말한다.

- 이 보고서는 주로 과학적 증거를 제시하며 … 어린아이가 '원래부터 관계를 맺고 살 존재로 태어난다'라는 것을 보여 준다. 우리는 선천적으로 타인 및 도덕적 의미, 초월적 존재를 지향한다. 관계에 대한 이 근본적 욕구를 충족시키는 것이 건강과 인간의 발전에 반드시 필요하다.

• 처음일지 모르지만, 다양한 과학자 군과 어린이 보건 전문가들은 우리 사회가 젊은 사람들의 도덕적, 영적, 종교적 필요에 더욱더 관심 보일 것을 공개적으로 권고한다.

우리는 인간으로 존재하도록 회로가 내장되어 있다. 그 회로란 우리는 깊고 영속적이고 만족스러운 관계를 갈망한다. 그리고 우리는 자기 자신보다 더 큰 어떤 뜻을 찾고, 추구하고, 그 뜻을 위해 살아야 할 존재로 창조되었고, 그렇게 프로그램되었다.

이러한 인간의 특성을 말하는 것이 삼위일체 하나님의 형상으로 지음 받았다는 말씀이다. 우리를 하나로 묶는 것은 취미나 성격, 심리적 유사성이나 사회적 환경이 아니라 오직 하나님 한 분 때문이다. 정신과 의사 토머스 호라는 두 손바닥을 합해 기도하는 자세로 하늘을 가리키는 양손이 진정한 공동체의 상징으로 보았다. 공동체란 우리 스스로 품거나 표현할 수 없는 더 큰 사랑에 함께 참여하는 것이다.

이는 사람이 공동체의 원형이신 삼위 하나님의 형상으로 지음 받았음을 말한다. 또 삼위일체 하나님과 교제를 나눌 때, 다른 사람과도 진정한 교제를 나누어 가장 인간 됨을 이룰 수 있다. 이를 하나님은 자기 형상의 반영으로 매우 기뻐하신다.

둘째, 나의 교만이 교제의 기쁨을 방해한다.

> 20 우리 몸의 각 지체는 알맞은 크기로 알맞은 자리에 있습니다. 어떤 지체도 자기 혼자서는 중요하지 않습니다. 21 눈이 손에게 '꺼져 버려, 나는 네가 필요치 않아' 하고 말하거나, 머리가 발에게 '너는 해고야, 네가 할 일은 없어' 하고 말하는 것을 상상할 수 있겠습니까? 22 사실 우리 몸은 정반대의 방식으로 움직입니다. 약한 지체일수록 더 필수적이고 요긴합니다. 예를 들어 우리는 한쪽 눈이 없어도 살 수 있지만 위가 없으면 살 수 없습니다(20~22절, 메시지).

고린도교회에는 자기 은사로 상대방을 지배하려 하였다. 그것은 교만함이다. 교만은 자신이 하나님보다도 더 높아지려는 죄악이다. 교만이 들어오면 하나님의 관계를 파괴하고 사람과의 관계도 깨뜨리고 만다. 자기가 다른 사람보다 우위에 있어야 하기 때문이다. 삼위일체 하나님과의 사귐을 깨뜨리는 것, 그것이 죄이며 인간의 타락이다. 또한 마귀가 하는 일이다. 마귀는 하나님으로부터 스스로 분리되어 하나님과 사람 사이, 그리고 사람과 사람 사이의 하나 됨을 깨뜨린다.

마귀는 교만한 까닭에 사람들도 교만하게 하여 하나님의 다스림을 거부하게 한다. 순종하고 따르지 않게 한다. 사람들이 옳은 것을 알면서도 부모가 말하고 선생님이 말하고 목사가 말하면 따르지 않는다. 왜 그럴까? 경쟁에서 자기 주도권을 빼앗겼기 때문이다. "당신이 뭔데 나한테 하라 마라야"라고 하는 이유이다. 다른 사람이 시간을 요청하고 무엇을 하도록 권해도, 그것이 옳으며 심지어 자신에게 유익되는 줄 알면서도 여러 가지 이유를 들먹이며 거절, 거부한다. 이유는 단 하나이다. 자신의 주권이 침해당했다고 여겨, 자신 스스로가 허락하기 전에는 누구의 권유 따위도 듣지 않겠다는 인간의 교만함이다.

어느 실버대학에 설교하러 갔던 적이 있었다. 거기에는 50여 명의 노년층 회원이 있었다. 섬기는 분들이 이야기하길 몇몇 분이 잘 따르지 않고 역정 내길 잘한다고 하였다. 왜 그런가 들어보았더니, 그분들은 젊었을 때 신문사 사장이었고 교수였고 내로라하는 직함을 가졌었다. 실버대학에 와보니 냄새나고 하찮은 것들이 몰려 있어서 이것 하자, 저것 하자 하니 기분이 나빴던 것이다. "내가 누군데, 너희들과 어울릴 그런 사람 아니야"라는 생각이 가득하니 모임에 하나 되지 못하였다.

교회 안에서는 형제, 자매로 칭한다. 형제, 자매라고 부르게 된 것은 유대인들이 자기 민족 유대인을 형제라고 부른 것에 연유되었다고 말하는 분들이 있다. 더 정확한 것은 예수님께서 그렇게 부르셨기 때문이다.

사람들을 거룩하게 하신 예수님과 거룩하게 된 사람들은 모두 한 가족입니다. 그렇기 때문에 그분은 그들을 한 형제라고 부르는 것을 부끄러워하지 않으셨습니다(히 2:11, 쉬운성경).

예수님은 우리를 형제, 자매로 부르시기 위해 자신을 십자가에 내어 주셨고 하나님의 자녀 삼아주셨다. 예수님이 죄인이요 원수 된 우리를 바라보는 것보다 더 천한 관계가 이 세상에 존재하는가? 없다.

십자가의 하나는 수직으로 되어 있다. 하나님과 사람과의 화목을 말한다. 예수님이 죄인을 위해 하나님께 나갈 수 있는 길을 열어주셨다. 또 십자가의 다른 하나는 수평으로 되어 있다. 그 위에서 뻗으신 예수님의 손을 붙잡고, 또 다른 사람들과 함께 손잡아 화목과 하나 됨을 이루는 교제 나누게 하려는 것이다. 서로 경쟁하고 비교 대상으로 여기라고 한 것이 아니다. 하나님은 바울을 통해 "그러므로 그리스도께서 여러분을 받으신 것처럼 여러분도 서로를 받아들이십시오. 그것이 하나님께 영광이 되는 길입니다"(롬 15:7, 쉬운성경)라고 말씀하셨다. 예수님이 죄인을 형제자매로 받아 주신 것처럼 신자 역시 서로를 형제자매로 받아 교제해야 한다고 말씀한다. 성도에게 주어진 교제의 기쁨을 빼앗아 가는 나의 교만함을 깨뜨려야 한다. 나의 교만함을 십자가에 못 박아야 한다. 그리고 우리 안에 성도의 교제가 회복되고 교제의 기쁨을 누리는 우리 공동체 되길 간절히 기도해야 한다.

셋째, 적극적인 참여가 교제의 기쁨을 누리게 한다.

> 25 하나님께서 우리 몸을 설계하신 방식이야말로 우리가 교회를 이루어 함께 살아가는 삶을 이해하는 데 적합한 모형입니다. 우리가 언급한 지체이든 그렇지 않은 지체이든, 눈에 보이는 지체이든 그렇지 않은 지체이든 간에 각각의 지체는 저마다 다른 지체를 의지합니다. 26 한 지체가 아프면 다른 모든 지체도 그 지체의 아픔과 치료에 동참합니다. 한 지체가 잘되면 다른 모든 지체도 그 지체의 풍성함을 누립니다(25~26절, 메시지).

불필요한 지체는 하나도 없다. 각자 이롭게 할 역할과 달란트가 주님으로부터 주어졌다. 그 은혜를 믿고 지체의 아픔에 치료와 회복으로 참여해야 한다. 하이델베르크 요리문답 제 55 문답은 이렇다.

55문: '성도의 교제'를 당신은 어떻게 이해합니까?

답: 첫째, 신자는 모두 또한 각각 그리스도의 지체로서 주 그리스도와 교제하며, 그의 모든 부요와 은사에 참여합니다. 둘째, 각 신자는

자기의 은사를 다른 지체의 유익과 복을 위하여 기꺼이 그리고 즐거이 사용할 의무가 있습니다.

성도는 그리스도의 모든 부요하심에 참여하는 그리스도와의 교제를 나누게 되었다. 그러나 여기서 멈추지 않고, 수평적 관계, 성도의 교제에 참여하여 내가 가진 것으로 섬겨야 한다. 다른 사람이 섬겨주길 바라고 알아주길 바라고 사랑이 없다고 불평할 것이 아니다. 내가 먼저 그 일에 적극 나서야 한다. 그럴 때 얻게 되는 기쁨이 있다.

하나, 신앙적인 성숙이 있게 된다.

인격적인 성장은 혼자 이룰 수 있는 것이 아니다. 존 칼빈은 "하나님을 아버지로 섬기는 사람에게는 교회가 어머니가 되어야 한다"라고 하였다. 하나님은 교회에서 신자가 성장하도록 계획하셨다. 세상은 경쟁과 비교로 가득하다. 섬김보다는 정복과 지배와 자기 욕망을 위한 도구로 이용한다. 생산과 이익과 소비의 관점에서 사람의 가치를 판단한다. 그것이 없으면 필요로 하지 않는다. 교회는 그렇지 않다. 로완 윌리엄스는 세례 받는다는 것, 즉 신자가 되었다는 것은 다른 사람과 얽히게 되었음을 의미한다고 했다. 헨리 나우웬은 공동체란 어울리고 싶지 않은 사람들과 어울리는 것이라고 하였다.

그렇게 함으로써 어떻게 되는가? 성령의 9가지 열매는 오직 성령의 열매는 "사랑과 희락과 화평과 오래 참음과 자비와 양선과 충성과 온유와 절제"(갈 5:22~23)이다. 이 같은 열매는 다 관계에서 비롯된다. 신자는 하나 됨을 알아 마음에 맞든 맞지 않든 다른 사람과의 관계에 있게 된다. 그런 부딪힘 속에 인격의 성숙함이 있다. 이것을 외면한 채 혼자 예수님의 성품을 닮는다는 것은 기독교가 아니라 도를 닦는 일이다. 공동체의 일원으로 여러 소그룹 모임으로 들어가라.

둘, 마귀의 공격으로부터 보호받는다.

주님께서는 "혼자서 막지 못할 원수도 둘이서는 막을 수 있다. 삼겹으로 줄을 꼬면 쉽게 끊어지지 않는 법이다"(전 4:12, 공동번역 개정)라고 하셨다. 아프리카 밀림에서 제일 강한 것은 개미라고 하였다. 개미 한 두 마리는 무섭지가 않다. 그러나 개미들이 떼를 지어 이동하면 그 길이가 약 4km가 된다. 제아무리 사자, 코끼리도 도망간다. 작은 벌레이지만 떼를 지어 달라붙으면 코끼리도 하루 만에 뼈만 남는다. 성도의 교제는 이와 같다.

에베소서 6장 10장에 보면 성령의 전신갑주가 나온다. 구원의 투구부터 시작해서 평안의 복음의 신, 믿음의 방패가 나온다. 그런데 등 뒤를 보호하는 무기는 없다. 나는 이제까지 주의 군사에게 등을 보이며 퇴각하는 일이란 없다고 알았다. 그러나 오래되지 않은 때, 그 등 뒤는 나와 함께하는 다른 성도들이 보호해 주고 지원 사격해 주는 것임을 알게 되었다. 너무 놀랍고 멋진 일이 아닌가! 성도의 교제는 내가 다른 사람의 등 뒤를 호위해 주고, 나와 함께 한 신자가 내 등 뒤를 호위해 주는 것이다.

셋, 빠른 기도 응답의 감격이 있다.

공동체, 소그룹 모임의 기도가 얼마나 효과적인지 예수님은 이렇게 말씀하셨다.

> 19 진실로 다시 너희에게 이르노니 너희 중의 두 사람이 땅에서 합심하여 무엇이든지 구하면 하늘에 계신 내 아버지께서 그들을 위하여 이루게 하시리라 20 두세 사람이 내 이름으로 모인 곳에는 나도 그들 중에 있느니라(마 18:19~20).

김윤상 선교사님이 교통사고로 혼수상태 있었을 때, 그의 아버지께서 알릴 수 있는 모든 사람에게 중보기도를 요청하였다. 하나님의 기적으로 깨어났을 때 많은 사람으로부터 격려의 메시지를 받았다. 그런데 그 내용이 격려라기보다는 편지 보낸 분들의 간증이었다. 내용이 이러했다.

> 신앙생활에 슬럼프가 와서 믿음이 많이 흔들렸다. 그런데 선교사님을 위
> 해 중보기도하면서 회개하며 신앙이 완전히 회복되었다.우리 교회는 성
> 도들이 하나 되지 못하여 어려움에 처해 있었다. 그런데 선교사님을 위해
> 함께 기도하면서 교회가 하나 되었다.

미국 캘리포니아에서 온 한 사람은 "저는 말기암 환자였다. 암
이 폐에까지 전이되어 힘든 상태였다. … 선교사님의 기도제목을
받고 매일 저를 위한 기도에 앞서 선교사님을 위해 기도했다. 이번
한국에 나와서 검사를 받았는데, 주치의가 제 암이 완치되었다고
알려주었다"라고 전해 주었다.

넷, 내 존재가 받아들여짐으로 치유의 은혜를 얻는다.

예수님은 겟세마네 동산에서 기도하시기 전 "내 마음이 괴로워
죽을 지경이다. 너희는 여기에 머물러서 깨어 있어라"(막 14:34, 표
준새번역)라고 하셨다. 이 당시 성숙한 인간의 조건은 어떤 고통이
나 격정을 뛰어넘는 아파테이아 상태(행복의 이상적 형태)에 이르
는 것이라고 하였다. 그런데 참 하나님이시면서 참 인간이신 예수
님은 자신의 약함을 제자들에게 보이셨다. 바울은 로마로 가야 할

때, 밀레도에서 에베소 교회 장로들을 만났다. 그들과 함께 울며 기도하였다.

상담학자요 신학자였던 래리 크랩은 많은 그리스도인들이 정신적인 문제가 생길 때, 흔히 상담자와 정신과 의사를 찾는다고 하였다. 그러면서 전문가에게 도움받아야 할 사람들은 극소수에 불과하고 나머지는 건강한 믿음의 교제 공동체에서 얼마든지 회복될 수 있다고 하였다. 하지만 그 일을 교제 공동체가 하지 못하니 상담 치료가 문전성시를 이루게 되었다.

혹 우리에게 성도의 교제를 가로막는 상처가 있는가? 인간관계의 아픔이 있는가? 그 아픔과 상처를 인정하면서 조금만 더 마음을 열고 주님이 주신 선물로 나갈 때, 얻어지는 기쁨과 은혜와는 비교할 수 없다. 믿음의 길은 혼자 가는 것이 아니다. 함께 가야 하고 함께 격려하고 축복하며 가야 하는 길이다. 그 길을 지치지 않고 기쁨으로 걸어갈 수 있도록 옆의 성도들을 주셨다. 그 기쁨 얻기 위해 그들과 함께하라. 지레 겁먹지 말고 앞서 걱정 불러 모으지 말고, 담대하게 합류하라.

오늘

2019년에 한 방송사에서 방영한 <눈이 부시게>라는 드라마가 있다. 김혜자는 자기에게 주어진 시간을 써보지도 못한 채, 노인이 되었다. 그녀는 70세이나 알츠하이머로 25세의 젊은 때로 돌아가곤 한다. 그녀가 엄마 아빠 오빠로 부르는 이들은 실은 자기 아들과 며느리, 손자였다.

그녀는 젊은 시절 준하라는 청년을 만나 결혼해서 행복하게 살았다. 하지만 기자였던 준하는 경찰에 고문받다가 억울하게 죽음을 맞이하였다. 남편도 없이 교통사고를 당해 한쪽 다리를 잃은 아들을 강하게 키운다며 모질게 대하였다. 그로 인해 아들은 엄마로부터 외면, 친구들로부터 외면받아 깊은 상처 속에 살아왔다.

현실과 비현실을 오고 가며 지난 세월 속에 느꼈던 아련한 마음, 원망, 그리움, 아들에 대한 죄책감과 아픈 마음이 뒤섞여 겪는다. 치매로 아들을 못 알아볼 정도가 되었으나, 아들이 넘어지지 않게 눈을 쓸고 있다. 어렸을 때 모질게 대한 것처럼 보였으나, 장애가 있는 아들이 눈길에 넘어질까 봐 몰래 늘 눈을 쓸었던 것이다. 그리고 드라마의 엔딩 장면에 혜자의 내레이션이 흐른다.

내 삶은 때론 불행했고 때론 행복했습니다.

삶이 한낱 꿈에 불과하다지만 그럼에도 살아서 좋았습니다.

새벽에 쨍한 차가운 공기, 꽃이 피기 전 부는 달큰한 바람,

해 질 무렵 우러나는 노을의 냄새.

어느 하루 눈부시지 않은 날이 없었습니다.

지금 삶이 힘든 당신, 이 세상에 태어난 이상

당신은 이 모든 걸 매일 누릴 자격이 있습니다.

대단하지 않은 하루가 지나고 또 별 거 아닌 하루가 온다 해도

인생은 살 가치가 있습니다.

후회만 가득한 과거와 불안하기만 한 미래 때문에 지금을 망치지 마세요.

오늘을 살아가세요, 눈이 부시게 ….

특히 신자에게 눈이 부시지 않은 날이 없으며 축복이 아닌 날이 없다. 신자에게는 매일이 선물이며 매일이 하나님의 기적이다. 그

럼에도 왜 허무하고 불행한 인생을 살아가는 것일까? 무엇 때문에 우리 인생을 스스로 실패요 하찮게 여기는 것일까? 지금, 오늘을 주신 하나님께 감사하고 기뻐하며 살아야 할 사람들이 누구보다도 신자이어야 한다. 그렇게 하기 위해 다음과 같은 사실을 깨닫고 확신하자.

첫째, 오늘 하루는 하나님의 선물이다.

> 사람이 하나님께서 그에게 주신 바 그 일평생에 먹고 마시며 해 아래에서 하는 모든 수고 중에서 낙을 보는 것이 선하고 아름다움을 내가 보았나니 그것이 그의 몫이로다(18절).

"일평생, he few days of life"(NIV)은 문자적으로 "그의 사는 날들"이다. 햇수^{year}로 말하지 않고 날 수^{day}로 표현하였다. 이는 매일 하루 하루, 오늘이라는 시간이 사람의 수고와 노력으로 얻어낸 것이 아님을 강조하기 위함이다. "하나님께서 그에게 주신 바"라고 하였다. 시편 기자는 "이 날은 주님이 만드신 날, 우리 모두 주와 함께 기뻐하고 즐거워하자"(시 118:24, 표준새번역)이라고 하였다. 마치 엄마가 자녀를 위해 옷과 밥과 반찬을 정성스럽게 만들어 놓듯, 하나님께서 하루의 태양을 떠올려 우리에게 오늘이라는 시간을 주신 것이다.

전도자는 세상의 허무를 극복하여 이겨내는 방법이 이 진리를 깨닫는 것이라고 하였다. 세상은 허무하다. 자기 정욕대로 살아가니 만족함이 있을 리 없다. 인간의 탐욕을 채울 수 있는 것은 그 어디에도 그 어떤 것도 없다. 인간의 탐욕은 오늘이라는 시간을 선물로 보지 못하게 한다. 지금이 아닌 나중, 여기가 아닌 저기를 바라보게 한다. 나와 함께하는 사람을 멀리 하고, 가까이 있지도 않은 사람을 그리워하며 지낸다. 지금-여기의 삶을 살지 못하는 것이다.

C. S. 루이스가 쓴 『스크루테이프의 편지』에는 이런 글이 있다. 스크루테이프는 사탄인데, 자기 부하에게 이렇게 말한다.

> 원수(사탄이 예수님을 이렇게 부른다)는 인간들이 현재 하는 일에 신경을 쓰기 바라지만, 우리(사탄) 임무는 장차 일어날 일을 끊임없이 생각하게 하는 것이다.

스크루테이프는 사람을 이런 식으로 유혹하여 제대로 된 삶을 살지 못하게 만든다.

- 전 인류가 무지개를 잡으려고 끝없이 좇아가느라 지금 이 순간에는 정직하지도, 친절하지도, 행복하지도 못하게 산다.

• 인간들은 현재 제공되는 진정한 선물들을 미래의 제단에 몽땅 쌓아놓고 한갓 땔감으로 다 태워 버린다.

지금이라는 시간을 망각한 채, 다른 날을 소망한다. 타임 머신을 타고, 있지도 않은 날에 가서 뜬구름 잡는 듯한 삶을 살고 있다. 현재를 하찮게 여기는 일이며 하나님의 선물을 내팽개치는 격이 된다. 그러니 지금의 것으로 감사하고 만족하고 행복할 수 있겠는가? 하나님은 분명 기뻐하라고 이 날을 주셨다. 그런데도 오늘을 살지 못하는 까닭에 기쁨이 없다. 삶에서 가장 파괴적인 단어는 "나중"이며, 가장 생산적인 단어는 "지금"이라고 하였다. 우리에게 주어진 시간은 오늘밖에 있지 않다. 전도자는 오늘이 하나님의 축복이요 선물임을 알아 받아들이는 삶이 "선하고 아름다움"이라고 말한다. 하나님이 각 사람에 주신 분량은 그 사람에게 가장 적합하기 때문이다. "몫"은 인생에서 겪는 순경만 아니라 역경 또한 하나님의 선물이라는 뜻이다. 포장지가 마음에 들지 않은 디자인일지라도, 그 안에는 하나님의 선물이 담겨 있다.

『예수를 바라보라』는 책에 저자 목사님이 몇 달간 안식월을 얻어 교회를 떠나 계셨다. 다른 곳에서 지내고 나니, 모든 것이 감사였음을 더욱 알게 되었다고 고백하였다. 그 감사 내용 중에 말썽 피우는 아들이 있는 것도 감사하였다고 말한다. 나는 2020년 아내와 함께 코로나에 감염되었다. 국립중앙의료원에 13일 간 입원해 있었다. 제일 불편한 것이 손톱을 깎아야 하는데 손톱깎기가 없어 힘들었다. 또 커피를 마시고 싶었다. 가장 민감한 때였기에 누구에게 커피 좀 사다 달라고 할 수도 없었다. 아내가 먼저 퇴원해서 커피를 사다 주었다. 그전까지 커피를 마실 때 기도한 기억이 없다. 감사 기도를 하고 커피를 마시려니 그 향과 모양이 얼마나 감격스럽던지 눈물이 났다. 큰 일을 겪어본 분들은 오늘의 모든 것이 얼마나 소중하고 감사한 것인지 알 것이다. 내일이라는 시간은 내 것이 아니다. 내일이면 더 잘 살 수 있다고 누구도 장담할 수 없다. 우리에게 주어진 시간과 기회는 오늘뿐이다. 오늘이라는 시간 안에만 내가 하나님의 백성으로 살 수 있다. 오늘이 가장 나답게 살 수 있는 기회이다. 그렇다면 오늘을 기쁘게 살아야 한다. 가장 나답게 살 수 있는 시간으로 만들라.

둘째, 하나님이 매여 있게 하신 것을 받아들이라.

또한 어떤 사람에게든지 하나님이 재물과 부요를 그에게 주사 능히 누리게 하시며 제 몫을 받아 수고함으로 즐거워하게 하신 것은 하나님의 선물이라(19절)

물론 우리는 하나님이 주시는 바, 자신의 본분과 그것을 누릴 능력을 최대한 활용하여 주어진 상황을 받아들이고 즐거운 마음으로 일해야 한다(19절, 메시지).

하나님은 모든 사람에게 먹을 것과 재물을 주셨다. "어떤 사람에게든지"는 누구든 각자 주어진 환경에서 수고하면서 동시에 즐거워할 수 있게 하셨다는 말씀이다. 다시 강조하자면 "각자 주어진 환경에서"이다. 인생은 어딘가에 묶여 있고 매여 있는 것이다. 그 묶여있는 곳에서 수고하므로써 즐거워할 수 있다.

기독교는 역설적이다. 한 알의 씨앗이 땅에 떨어져 썩어야 열매를 맺는다. 높고자 하는 자는 낮아져 섬기는 자가 되어야 한다. 응답 받고자 하면 어른이 아니라 어린아이와 같아야 한다. 이와 같이 오늘 내게 주어진 십자가를 져야 즐거움과 영광이 있다. 묶여 있지 않는 삶이란 존재하지 않는다. 사람들이 말하는 자유란, 모든 묶여 있는 것으로부터 저항과 해방을 말한다. 하지만 하나님은 달리 말씀하신다. 하나님은 우리가 말씀에 순종할 것을 요구하신다. 부모에게 순종하고 남편 아내에게 순종하며 주인에게, 통치자와 권세자들에게, 그리고 하나님이 세워주신 영적 권위자에게 순종하라고 말씀하신다. 순종하라는 명령이 무엇을 뜻하는가? 신자는 그 관계, 그 공동체 안에 매여 있고 묶여 있음을 말하는 것이다. 묶여 있어야 할 삶에서 너의 마음대로 풀어 제쳐놓으려 하지 말라는 말씀이다.

고린도전서 7장에는 몇몇 조건에서 부름 받은 사람들의 예가 나온다. 무할례자로, 무신론자요 신앙을 반대하는 배우자를 둔 자로, 종의 신분으로 부름 받은 자들이다. 그들에게 바울은 "하나님께서 여러분의 이름을 부르실 때 여러분이 있던 바로 그 자리에 머무르십시오"(고전 7:20, 메시지)라고 권면한다. 기꺼이 매여 있는 그 속에서 오늘을 살라는 말씀이다.

초대 기독교가 부흥할 수 있었던 이유는 우상을 받아들이지 않는 배타성, 전도 활동, 기적 등에 있다. 여기에 더해 미국 노스캐롤라이나 대학교의 종교학 교수인 바트 어만은 삶과 신앙의 일체에 있다고 하였다. 우리가 말하는 신앙생활이다. 로마 시대의 이방 종교들은 신앙과 삶이 괴리되어 있었다. 그들은 종교의식에 참여하여 그들이 좋아하는 것만을 골라 취하는 식이었다. 그것이 쾌락이든 경제적 이권, 인간관계이든 말이다. 그러나 기독 신자에게는 신앙이 곧 삶이었다. 그들을 묶고 있는 듯한 조건에서 주어진 오늘의 삶을 살아내었다. 그와 같은 삶이 신자의 능력이었고 복음 증거가 되었다. 부름 받은 그 자리에서 오늘을 살아내는 것에서부터 기독 신앙은 시작된다.

그와 같은 삶이 빛나게 되며 열매를 맺게 된다. 에스겔 44장에는 새 성전에 들어가 섬길 사람이 누구인지 말씀해 주셨다. 그들은 오직 사독의 자손 레위 사람 제사장만이다. 다른 제사장과 레위인은 직무를 박탈당했다.

왜 사독의 자손 레위 사람 제사장만 새 성전에 들어갈 수 있으며 다른 제사장들은 직무를 박탈당한 것일까?

> 7 너희가 내 음식과 기름과 피를 제물로 바치며, 마음에 할례를 받지 않고, 육체에도 할례를 받지 않은 이방 사람들을, 내 성소 안에 데리고 들어옴으로써, 내 성전을 이렇게 더럽혀 놓았다. 너희가 저지른 온갖 역겨운 일들 때문에, 너희는 나와 세운 언약을 위반하였다. 8 또 너희가 나의 거룩한 물건들을 맡은 직분을 수행하지 않고, 그 일을 이방 사람들에게 맡겨서, 그들이 내 성소에서 너희 대신에 임무를 수행하게 하였다(겔 44:7~8, 표준새번역).

사독 계열이 아닌 제사장과 레위인은 이방인들을 고용하여 자기들이 해야할 일들을 시켰다. 제사 때 사용할 제물을 옮기고 죽여 피를 내고 뒤처리하는 많은 잡무가 있었다. 이 일은 레위인과 제사장이 해야 한다. 하지만 이 일은 힘들고 귀찮은 것이었다. 자신에게 그럴 듯하고 고상한 것은 취하고, 귀찮고 하찮게 보이는 것은 떼어내버린 것이다. 그런 까닭에 할례도 받지 않은 이방인을 데려다가 그 일을 하게 하였다. 혹 우리가 이와 같지 않은가? 여기 어느 작가의 글을 보라.

오랫동안 나는,

이제부터는 진짜 인생이 시작될 거야 하며 별렀지요.

그러나 매번 그 길 위에는 장애물들이 쌓여 있었습니다.

빨리 해치워야 할 사소한 일들,

끝나지 않은 용건들,

시간만 잡아먹는 하찮은 일들,

갚아야 할 빚.

이것들만 해치우면, 그땐 진짜 내 인생이 시작될 거라고 생각했지요.

그러나 나는,

마침내 알게 되었지요.

이런 장애물들이 결국 내 인생이었다는 것을.

-B. 하우랜드-

삶이 고통스러운 이유는 매인 것을 내 임의적으로 풀고 떼어내어 없애려 하기 때문이다. 하나님이 매여 있게 하신 것을 받아들이라. 그 질서를 따르기로 다짐하라. 그 안에서 예수 그리스도처럼 하루 하루를 살라. 어느 순간 안개는 걷히며 우리 삶이 헛되지 않앞음을 깨닫게 된다. 그 삶에서 오는 기쁨과 희열을 축복으로 받게 될 것이다.

셋째, 과거의 후회와 미래의 불안에서 벗어나라.

> 그는 자기의 생명의 날을 깊이 생각하지 아니하리니 이는 하나님이 그의 마음에 기뻐하는 것으로 응답하심이니라(20절).

자기 생명의 날을 깊이 생각하지 않는다는 말이 나온다. 이는 불확실한 미래, 가령 내가 얼마나 살 수 있을까와 같은 일에 대해 염려하지 않아야 한다는 뜻이다. 또한 지난 과거에 대한 후회로 시간을 낭비해서는 안된다는 것이다. 하나님의 섭리, 하나님이 만물의 주권자이심을 믿는 신자는 지난 날들에 대한 후회로, 또는 미래를 불안과 초조함으로 보내서는 안 된다. 그것을 이겨내고 현재, 지금의 시간에 충실한 삶을 살아야 한다. 세상 사람들은 과거의 일로 후회와 낙심으로 보낸다. 지옥불에 떨어진 사람들의 특징이 "걸걸"이라는 우스개 말이 있다. "그때 예수 믿을 걸" "그 사람 말을 들을 걸" 등등.

과거에 매여 현재를 살지 못하면, 지금의 현재는 "또 다른 껄껄의 과거"가 되고 만다. 불확실한 미래를 염려하느라 시간을 낭비하면 오늘 주어진 일에 최선을 다하지 못한다. 신자의 오늘은 과거와 미래를 예수님께 맡기는 것이다. 그리고 오늘 주님과 함께 기쁨으로 힘차게 살아가는 것이 신자의 본분이다.

바울은 "형제 여러분, 내가 아직 목표에는 이르지 못했으나 여러분에게 한 가지 자신 있게 말씀드릴 수 있는 것은 내가 과거의 것은 잊어버리고, 앞에 있는 목표를 향해 힘껏 달리고 있다는 것입니다"(빌 4:13, 쉬운성경)라고 하였다. 과거에 그에게 어떤 성공이 있고 실패가 있든, 그것에 붙잡혀 지금의 시간을 놓칠 수 없다는 말씀이다. 오늘을 반드시 예수님과 함께 살아내겠다는 다짐이다. 예수님은 "그러므로 내일 일을 위하여 염려하지 말라 내일 일은 내일이 염려할 것이요 한 날의 괴로움은 그 날로 족하니라"(마 6:34)라고 하셨다. 오늘이라는 시간을 오지도 않은 내일을 염려하느라 왜 괴롭게 하느냐, 곧 내일 염려로 오늘의 숨통을 조이지 말라는 뜻이다.

신자는 과거에 일어난 일로 자책과 후회로 시간 낭비하지 않으며 미래를 염려하지 않고 오늘을 기쁘고 행복하게 살 수 있다.

이는 하나님이 그의 마음에 기뻐하는 것으로 응답하심이니라
(20절 하).

신학자 코스터는 이 부분을 "하나님이 그의 마음에 기쁨으로 채워 노래하게 하실 것이기 때문이다. He makes him sing with the joy of his heart"라고 해석했다. "응답하다"는 "반드시, 계속 기쁨으로 채워 주신다"는 강조의 말로, 하나님의 주권적인 역사를 나타낸다. 어떤 자에게 말인가? 과거와 미래를 주님께 맡기고 오늘 나에게 주신 삶에서 힘을 다해 살며 즐거워하는 자에게 그 믿음대로 되게 하신다. 이와 같은 맥락에서 마태복음 6장 34절을 메시지는 "하나님께서 바로 지금 하고 계신 일에 온전히 집중하여라. 내일 있을지 없을지도 모르는 일로 동요하지 마라. 어떠한 어려운 일이 닥쳐도 막상 그때가 되면 하나님께서 감당할 힘을 주실 것이다"(34절, 메시지)라고 번역하였다.

미국 버지니아대학교 심리학과의 티모시 윌슨 교수는 "두 번 다시 생각하지 마라. 그냥 있어도 괜찮아"(<Don't Tink Twice, It's all right> 가수 밥 딜런이 불렀던 노래)라는 글에서 "지나친 분석과 자기반성은 오히려 자신이 실제로 어떻게 느끼는지에 대하여 혼란을 줄 수 있다"라고 경고했다. 또 미 예일대의 수잔 노렌 헥세마 교수는 우울증이 있는 대학생들을 두 집단으로 나눠, 한 집단은 자신에게 대해 8분간 생각하게 하고 다른 집단은 하늘의 구름에 대하여 8분간 생각하게 했다. 그 결과 자신에 대해 생각한 집단은 더 우울해진 반면, 구름에 대하여 생각한 집단은 오히려 기분이 개선됐다고 하였다.

과거에 실패했다. 넘어졌다. 파경이다. 우리 집안을 들춰보면 문젯거리만 득실거린다. 그래서 어쩌란 말인가? 어떤 이들은 왜 나는 우리 집안으로부터 아무런 도움 받지도 못하냐고 한탄한다. 그의 과거로 인해 나의 삶이 희생당하고 있는 것이다. 피해자의 인생이다. 내가 가나안 땅을 처음 밟은 아브라함이 되면 되지 않겠는가? 내가 가문과 민족을 축복하는 요셉이 되면 되지 않겠는가? 오늘을 아브라함과 같이 살려고 하고 요셉처럼 살려고 하면 하나님이 기쁨으로 채워주신다. 헬렌 몰리코트의 <나는 현재니라>를 들어보라.

> 나는 지나간 과거를 후회하고, 미래를 두려워하고 있었습니다.
>
> 갑자기 나의 주님이 말씀하셨습니다.
>
> "나의 이름은 현재니라"(I am)
>
> 그리고 잠시 침묵하셨습니다.
>
> 제가 기다리자 그분은 계속 말씀하셨습니다.
>
> "네가 실수와 후회로 얼룩진 과거에 매여 산다면,
>
> 네 인생은 힘들고도 몹시 괴로울 것이다. 왜냐하면 내가 거기에 없기 때문이다.
>
> 나의 이름은 과거(I was)가 아니니라."

"네가 미래에 닥칠 문제들 때문에 두려움을 가득 안고 산다면,

네 인생은 역시 힘들고 어려울 것이다. 왜냐하면 내가 거기에 없기 때문이다.

나의 이름은 미래(I will be)가 아니니라."

"네가 현재 이 순간을 산다면,

네 인생은 힘들지 않을 것이다. 왜냐하면 내가 바로 여기 있기 때문이다.

나의 이름은 현재니라(I am)."

-헬렌 몰리코트의 <나는 현재니라>-

과거나 미래의 일에 사로잡히지 않을 이유는 하나님은 우리에게 기뻐하는 것으로 반드시, 계속 채워주실 것이기 때문이다. 과거에서 자유하라. 미래의 염려에서 벗어나라. 하나님은 우리의 행복과 기쁨을 가장 원하시는 분이다. 하나님은 모든 것을 합력하여 우리에게 선으로 이루어주신다.

본문 창 2:8~15
책임

에미넴이라는 미국의 랩 가수가 있다. 그는 그래미상과 많은 상을 받았다. 그의 노래에는 패드립이 넘쳐난다. 자기 어머니에게나 애인에게 쌍욕을 퍼붓는 가사가 나온다. 아버지의 죽음도 그의 모욕거리가 되었다. 그녀가 부르는 노래 가사 대부분이 반항적이고 폭력적이며 외설적인데다가 욕으로 가득하다. 2000년 미국에서 그녀의 노래가 공공의 적으로 꼽힐 정도였다. 학생들에게 반항심을 불러일으키고 교육상 좋지 않기 때문이다. 콜럼바인 고등학교에서 총기 난사 사건이 일어났다. 범인들은 에미넴의 앨범을 즐겨 들었음이 회자 되었다. 그 영향을 받았다는 말이다.

어떻게 해서 에미넴은 이런 노래 같지 않은 노래를 불러 다른 사람들에게 부정적인 영향을 미치는가? 그가 태어난지 6개월 만에 아버지는 도망갔다. 그리고는 다른 여자와 결혼을 했다. 에미넴은 자기가 태어났을 때, 다른 아기와 바꿔치기 당한 것은 아닌가 생각할 정도로 아버지 존재를 인정하고 싶지 않았다. 어머니는 마약중독자로 완전 떠돌이였다. 어머니는 에미넴의 동창생과 동거를 하는 매우 역겨운 삶을 살았다. 나중에는 어머니와 화해한 듯하였지만, 어쨌든, 에미넴의 중요한 성장 시기에 가장 큰 영향의 핵심 가족이 나 몰라라 하는 삶을 산 것이다.

한 사람의 무책임함이 다른 이들에게 악 영향을 끼친다. 우리에게 일어나는 대부분의 비극은 자기 책임에서 비겨가는 사람들로 인한 것임을 너무도 잘 알고 있다. 책임이란 하나님께서 사람에게 주신 특권이며 놀라운 축복이다. 예수님의 은혜로 새사람, 새성품이 된 신자는 하나님의 본래 목적에 올바른 반응을 보이는 삶을 사는 자들이다. 우리가 책임을 특권으로 알고 살기 위해서는 어떻게 해야 할까?

첫째, 책임은 하나님께 대한 적합한 반응이다.

> 8 여호와 하나님이 동방의 에덴에 동산을 창설하시고 그 지으신 사람을 거기 두시니라 9 여호와 하나님이 그 땅에서 보기에 아름답고 먹기에 좋은 나무가 나게 하시니 동산 가운데에는 생명 나무와 선악을 알게 하는 나무도 있더라(8-9절).

하나님께서 사람을 축복하시고 그들에게 에덴의 동산을 돌보도록 하셨다. 하나님은 그의 뜻대로 결정 내리기도 하시며 만물을 다스리기도 하시는 분(Person)으로 나타내신다. 하나님의 형상에 따라 지음 받은 사람 역시 결정을 내리고 다스리기도 하는 인격체(person)이다. 에덴동산을 경작하며 지키기 위해서는 생각해야 하고 판단, 결정해야 한다. 결정하는 일은 책임을 동반한다.

사람이 다른 피조물과 다른 점 중 하나가 이것이다. 다른 피조물에게는 책임성이 없다. 아담과 하와가 타락했을 때 하나님께서 그들을 찾아와 물으신다.

> 11 하나님께서 말씀하셨습니다. '네가 벌거벗었다고 누가 말해 주었느냐? 내가 먹지 말라고 한 나무 열매를 먹었느냐?' 12 아담이 대답했습니다. '하나님이 저에게 주신 여자가 그 나무 열매를 줘서 먹었습니다.' 13 여호와 하나님께서 여자에게 말씀하셨습니다. '도대체 네가 무슨 일을 저지른 것이냐?' 여자가 대답했습니다. '뱀이 저를 속였습니다. 그래서 제가 그 열매를 먹었습니다'(창 3:11~13, 쉬운 성경).

그러나 뱀에게는 "여호와 하나님께서 뱀에게 말씀하셨습니다. '네가 이런 일을 했으므로, 너는 모든 가축과 모든 들짐승보다 더욱 저주를 받을 것이다. 너는 배로 기어다니고, 평생토록 흙먼지를 먹고 살아야 할 것이다'"(창 3:14, 쉬운성경)라고만 하셨다. 이 차이를 알겠는가? 책임이란 사람에게나 있는 것이지 다른 피조물에게는 해당되지 않는다. 이는 인간이 매우 고급한 존재로 하나님께서 자기와 동등한 인격으로 대우해 주심을 말해 준다.

책임(Responsibility) = 반응(response) + 능력(ability) ⇒ 명령이나 임무가 주어지면 그에 대해 반응하는 능력이다. 어떤 명령을 말하는가? 하나님은 아담과 하와에게 에덴동산을 돌보도록 하셨다. 그러면 인간은 에덴동산에서 자신의 지정의를 다 들여 무엇이 최고의 길인지, 가장 합당한지 찾아 그에 따라 반응하여 사는 것이다. 이를 두고 신학자 리처드 니버는 "응답하는 존재 man-the-answerer"라고 하였다. 인간은 자기에게 주어진 삶에서 일어나는 일에 대해 적합한 반응(the fitting)으로 응답해야 한다. 응답하는 존재의 특징은 "하나님이 이 세상에서 무엇을 하고 계시는가?"라고 질문한다. 그 일어나는 일에서 나를 이 자리에 있게 하신 하나님의 뜻에 무엇이 가장 합한 것인지 찾고 해석하며 따르고자 한다. 그것이 하나님께 적합한 반응이며 그것이 하나님을 닮은 인간의 책임이다.

사람에게는 이상적인 자아가 있다. 그러나 그 이상적인 자아에 못 미치는 현실적인 자기 모습이 있다. 내가 이러려고 결혼했나, 내가 이러고자 대학 공부를 빼 빠지게 했나, "도대체 이 상황에서 내 인생은 무엇인가"라는 회의와 자괴감과 괴로움이 생긴다. 심리학에서는 이상적인 자아와 현실적인 자기의 차이를 견디지 못하면 정신 질환을 겪을 수 있다고 말한다. 그러나 하나님은 이렇게 말씀하신다.

> 너답고 싶은 진정한 모습과 괴리된 듯한 삶인가? 그러면 그 간격, 그 괴리감을 없애고 너다워질 수 있는 길이 있다. 그 안에서 내 뜻이 무엇인지 알아 책임 있는 인생을 살아라. 그러면 자폭하거나 비틀어진 인생이 아니라 가장 너다운 모습을 발견하게 될 것이다.

우상 숭배는 하나님께서 살아보라고 하신 길에서 돌이켜 자기 마음대로 살아가는 것을 말한다. 하나님이 있게 하신 그 자리에서 벗어나 자기가 생각하고, 자기가 욕망하는 대로 살려는 것이 우상 숭배요 하나님을 경외하는 자리에서 떠난 삶이다. 그와 같은 삶은 하나님께 적합한 반응이 아닌 하나님의 뜻을 외면하는 무책임한 삶이다.

나는 어떤 처지에 있는가? 남들이 불행하다고 말하는 처지에 있는가? 나 스스로 생각해도 안 됐고 초라한 상황에 있는가? 거기에서 하나님께 응답하라. 하나님께 나다운 적합한 반응이 무엇인지 찾아내고 하나님이 주신 삶에서 내 책임을 다하겠다고 아뢰라. 그러면 책임이 나에게 어떤 기쁨을 가져다주는지 깨닫게 된다.

둘째, 책임 직면은 제한된 상황에서도 예외 아니다.

> 여호와 하나님이 그 사람을 이끌어 에덴동산에 두어 그것을 경작하
> 며 지키게 하시고(15절).

하나님은 아담과 하와에게 에덴동산을 돌보도록 하셨다. "경작하다"는 땀을 흘리는 노동을 말한다. "지키다"는 하나님의 말씀을 따름으로 부정한 것에서 보호하는 것이다. 어떤 학자들은 "지키다"가 사탄의 유혹을 경계하라는 뜻이 담겨있다고 말한다. 에덴에서 책임 다하는 삶이 되어야 하나, 그것을 방해하는 세력이 있다는 것이다. 그것으로부터 자신을 지켜야 하고 자기 본연의 위치를 지켜내야 한다.

아담과 하와가 타락한 후 보인 첫 번째 반응이 책임 전가였다. 아담은 하와에게, 하와는 뱀에게 자기 죄의 책임을 전가하였다. 이런 영향으로 사람은 책임 있는 삶을 두려워한다. 복잡한 상황이다. 내가 기대했던 바가 아니다. 그럴 때면 책임을 누군가에게 떠넘겨야 할 짐으로 여긴다. 미루고 싶어 하고 그 상황에서 일어나는 일에 책임지고 싶어 하지 않는다.

남유다의 마지막 왕은 시드기야였다. 그는 정당한 절차에 따라 백성에 의해 세워진 왕이 아니었다. 지배국인 바벨론의 느부갓네살이 세운 왕이었다. 이로 인해 시드기야에게는 항상 왕위의 정통성이 문젯거리였다. 그 시대의 선지자는 예레미야로 바벨론에 항복하여 포로 생활하는 것이 하나님의 뜻이라고 전한다. 신하들이 그를 죽이자고 시드기야에게 말한다. 왕은 선지자를 보호하고 존중히 여겨야 한다. 하지만 그에게 정통성이 시비거리가 되다 보니, 이것도 아니고 저것도 아닌 애매모호한 태도를 취한다. 그의 말을 들어보자.

> 4 신하들이 왕에게 말했다. '부디, 이 자를 죽이십시오. 그가 살아 있어서는 안 됩니다! 그가 계속 저런 말들을 퍼뜨려서, 아직 도성에 남아 있는 군인과 온 백성의 사기를 떨어뜨리고 있습니다. 이 자는 이 백성이 잘 되기를 바라지 않습니다. 그는 우리를 망하게 하려는 자입니다!' 5 시드기야 왕이 말했다. '그대들 생각이 그렇다면 뜻대로 하시오. 내가 무슨 힘이 있다고 그대들에게 반대하겠소'(렘 38:4~5, 메시지).

신하들이 예레미야가 전하는 말씀이 듣기 싫어 죽이자고 하니, 시드기야는 그들 좋을 대로 하라고 말한다. 5절 그의 말뜻은 이렇다. "당신들이 나를 왕으로 인정하기나 합니까? 그대들이 하고 싶은 것이 있으며 니들 마음대로 하세요. 내겐 아무 힘도 없잖습니까!"라고 말하는 것이다. 자기 뜻과 상관없이 왕이 되고 원치도 않은 애매모호한 상황에 있다고 해서, 왕의 책임에서 벗어날 수 있는 것은 아니다. 선지자를 보호해야 하는 것은 왕이 해야만 하는 책임이다. 누군가 그렇게 하고 싶다고 해서 니들 마음대로 하세요, 라고 할 수 없는 왕의 역할이라는 말이다. 이건 내가 원하는 일도 아니었고 나도 모르는 일이니 내 소관이 아니요, 라고 책임 전가 할 수 없는 일이다.

무엇이 신자로서 책임 있는 삶을 살지 못하게 하는가? 그 회사, 그 학교, 그 교회를 다니는 것도 아니고 안 다니는 것도 아니다. 발전을 꾀하고 더 나은 도전이 필요 없다고 말하는 것이 아니다. 내 의사와 상관없이 그 자리, 그 환경에 있게 되었는가? 내가 원하는 일이 아니었는가? 위치와 역할이 애매모호해서 내가 할 수 있는 일이 제대로 없기 때문인가? 삶은 무를 자르듯이 분명하고 오차 없이 구분되지 않는다. 우리 삶 자체가 애매모호 투성이다. 내가 원하는 것보다 원하지 않는 것들을 떠안아야 하는 경우들이 허다하다. 그런 경우라면 뛰쳐나가야 하는 것인가? 가정을 뛰쳐나가야 하고 누군가와 결별을 선언해야 하고 "나는 진짜 사랑을 찾았어"라며 궤변을 늘어놓아야 한다. 제한된 삶, 애매모호한 상황, 기대하지 않았던 역할이 책임 회피의 이유가 되어서는 곤란하다. 그런 속에서도 내가 짊어져야 할 것을 찾아 짊어지라. 그 책임을 다하라.

조던 B. 피터슨 교수는 『질서 너머』에서 삶의 고통과 증오를 가라앉힐 수 있는 해독제는 고통을 직시하고 떠맡는 것이라고 하였다. 책임져야 할 것을 책임지지 않고 마땅히 추구해야 할 것을 추구하지 않으면 오히려 죄책감과 부끄러움과 초라함만 남게 된다. 그것은 자기를 해치는 결과를 낳는다. 자신이 져야 할 짊을 찾아 짊어짐으로써 책임을 다할 때, 성취감이 있고 의미가 있고 행복이 뒤따라 온다. 『냉정과 열정 사이』를 쓴 작가 츠지 히토나리. 부모가 되기 전 그녀는 야심 많은 워커홀릭이었다고 하였다. 그러나 엄마가 되다보니, 이렇게 말한다. "100권의 책을 쓰는 것보다도 제대로 된 양육이 더 위대한 일(입니다)"

누군가의 배우자가 되어 사는 일은 대단하다. 누군가의 아버지가 되어 살고 어머니가 되어 산다는 일은 위대한 일이다. 사춘기 자녀와 씨름하는 일은 잘 하는 일이다. 갈등이 있는 가정 안에서 중심을 잡고 하나님의 뜻을 알아내려는 몸부림은 신성하고 거룩한 일이다. 성도로서 자기 책임을 다함으로써 누군가에게 의지가 되고 있다면, 엄청난 사역인 것이다. 다른 대단한 일을 하려고 헛된 꿈꾸지 말라. 종교적인 언어를 들먹이며 피해 가려 하지 말라. 자기에게 주어진 그 일부터 하나님의 사명으로 여겨 책임 다하라.

셋째, 책임의 십자가를 짊어짐으로 신비한 은혜를 얻는다.

> 여호와 하나님께서 만드신 사람을 데려다가 에덴동산에 두시고, 그
> 동산을 돌보고 지키게 하셨습니다(15절, 쉬운성경).

"지키다(히, 샤마르 שמר)"는 가시 울타리를 만들어 사나운 짐승으로부터 보호한다는 의미이다. 이렇게 하신 분이 하나님이시다. 우리가 있는 자리는 하나님이 데려다가 두신 자리이다. 하나님은 우리에게 맞게 책임지는 일을 하게 하신다. 그곳에서 돌보는 일, 지키는 일을 해야 한다. 삶의 몫에서 책임 다하는 것이, 세상에서 빛된 삶이 된다. 세상은 언제나 권리를 앞세운다. 모든 사람이 같은 권리를 가져야 한다고 주장한다. 그것은 마땅한 일이다.

문제는 책임 없는 권리를 요구하기 때문이다. 자신에게 돌아올 몫만을 따지고 있다면 신세한탄하게 되어 있다. 원망하고 분노한다. 기쁨이 없다. 유혹하는 것들에 쉽게 흔들린다. 헛된 일에 시간을 낭비한다. 갑자기 일이 없어진 분들은 경험적으로 이것을 안다. 책임질 일이 없으니 시원하고 자유로울 것 같은데, 전혀 그렇지 않다는 사실이다. 교회 직분에서 은퇴하신 분들은 대표 기도하는 일이 거의 없다. 그래서 기도하지 않으면 느긋할 줄 알았는데, 그게 아니라 영 이상하다. 은퇴하신 분들에게 무엇에라도 매여 있으시

라고 권해 드린다. 그 책임감이 영성 있게 하고 더 깨어있게 한다.

> 13 뿐만 아니라 젊은 과부들은 이 집 저 집 드나들며 남의 험담을 하
> 고, 다른 사람의 일에 간섭하고, 해서는 안 될 말을 하며 시간을 보
> 냅니다. 14 그러므로 젊은 과부들은 재혼을 하여 아이를 낳고 집
> 안을 돌보게 하십시오. 그러면 비난받을 일도 없을 것입니다(딤전
> 5:13~14, 쉬운성경).

젊다고 하는 것은, 자기 주장과 욕심이 살아 있다는 뜻이다. 건
강하고 시간, 돈, 여유가 있다. 이런 경우, 쓸데없는 일을 할 수 있
다. 문젯거리를 만들어내기 쉽다. 다른 표현으로는 책임질 일이 없
으니, 스스로 넘어지는 일에 빠질 위험이 있다는 지적이다. 그래서
어떻게 하라는 것인가? 결혼하여서 아이를 낳고 집안을 돌보라고
권해 준다. 책임질 일을 떠맡으라는 말이다. 책임질 일을 맡게 되
면, 그는 죄 지을 틈이 그만큼 줄어들 것이며 그 책임지는 상황이
그를 더 성숙하게 만들어간다.

사람에게 책임 있다는 것은 축복이다. 무엇보다도 하나님께
서 그의 삶을 인도하시기 때문이다. 다드림교회 김병년 목사님은
2005년 4월에 개척하였다. 그리고 사모님이 8월에 셋째 아이를 출
산하고 퇴원했는데, 그만 뇌경색으로 쓰러져 전신마비가 되었다.

눈도 뜨지 못하고 말도 못하고 사지가 굳어 있어 집에서 간병을 하였다. 기도원에 가서 금식하며 부르짖어도 아내는 그대로 있었다. 오히려 목사님에게 주신 찬양과 약속의 말씀은 "거친 파도 날 향해 와도 폭풍 가운데 나의 영혼 잠잠하게 주를 보리라"였다. 하나님은 그의 기도를 진짜 들어주지 않으시는 것이다. 어느 때는 "하나님 내 기도를 똑바로 들어주세요. … 제발 귓구멍이 있거든 똑바로 들으세요." 악에 받쳐 기도드렸다. 그렇게 하소연 하는데 아내는 안 일으켜주시고 간병할 수 있는 돈은 주셨다. 어느 날 아내에 다리에 전기 찜질기를 올려줬는데, 그것이 가열되어 아내의 다리를 다 태워 다리를 절단해야 했다. 자기 인생이 얼마나 혹독한지 "하나님, 나는 하나님이 꼴도 보기 싫어요…하나님, 나 좀 그만 때려요. 내가 뭘 잘 못했는데 왜 나만 때리는 거예요"라고 기도하였다.

힘에 겨운 어느 날 하나님은 병들고 헐벗고 굶주린 사람들을 거절했던 자들과 대접했던 자들을 말씀하시면서 하나님이 병들어서 그의 집에 와 계시다고 하셨다. 가장 연약한 자의 모습으로 말이다. 하나님이 "나 여기 있어"라고 아내를 통해 말씀하신 것이다. 엄마가 쓰러졌을 때 아이들 나이가 9살, 5살, 한 살이었는데, 하나님의 놀라운 인도 속에 이 아이들이 건강하게 자랐다. 막내 아이가 크레파스로 이렇게 글을 썼다.

"아빠, 우린 가난한데 왜 이렇게 행복하지?"

그는 19년째 아내를 간병하고 있다. 그의 고백은 이렇다.

"임마누엘의 하나님, 그럼에도 불구하고 감사합니다."

지금 어떤 대단한 일을 하려고 하는가? 하나님이 지워주신 책임조차 감당하지 않을려면서, 무엇이 대단한 일인가? 짊어지라. 도전하고 발전을 도모하지 말라는 이야기가 아니다. 짊어지라. 하나님이 맡기신 일에 힘을 다해 책임지라. 458장의 찬송시가 게으른 나의 마음을 때리곤 한다.

> 네가 맡은 일 성실히 행할 때에 주님 앞에서 상 받으리
>
> 주가 베푸신 은혜를 감사하며 너 십자가 지고 가라
>
> 참 기쁜 마음으로 십자가 지고 가라
>
> 네가 기쁘게 십자가 지고 가면 슬픈 마음이 위로 받네
>
> -I. D. 오그돈(찬 458장 4절)-

내 생애의 책임을 다하면 슬픈 마음이 위로 받는다. 더 나아가 놀라운 은혜와 복을 얻는다. 토마스 아 켐피스의 권고를 들어보라.

> 만약 그대가 기쁜 마음으로 십자가를 진다면
>
> 그 십자가가 그대를 지고서 그대가 원하는 목적지로 데려다 주리라
>
> -토마스 아 켐피스-

내겐 매년 무슨 일들이 일어나곤 하였다. 어느 때는 정신 못 차릴 정도로 설상가상이었다. 우리 교회에서 사역하면서부터 더 그러했다. 그것들은 마치 기다렸다는 듯, 달려드는 느낌이었다. 한 해가 시작되면 "올 해는 뭔 일이 있을라나!"라는 생각이 저절로 들 정도였다. 이유환 목사님은 내게 "이 목사, 목회하는 것은 그냥 어려운 일이 아니라 기적이야"라고 하였다. 그 말씀이 맞는 것 같다.

목회가 어렵다고 이야기 하면 어른 목사님들께서는 "목회를 얼마나 했다고 엄살이야!"라고 나무라실 것 같다. 그렇다. 나는 이만큼이나 약하다. 내 의지로 이겨낼 수 없을 것 같았는데, 시간이 지나 한 해 한 해를 살고 있다. 거대한 산이 떡 하니 버티고 있어 뒤를 전혀 볼 수 없었던 어두운 일조차 통과해 내었다. 이유는 하나님께서 내 옆에 가족을 주시고, 성도들을 주시고, 멘토들을 주셨기 때문이다. 그분들이 나의 삶에 울타리가 되어주셨다.

올 해 8월 제자 목사님이 먼저 천국에 들어갔다. 너무 놀라서 아직도 믿기지 않는다. 매일매일 그가 생각나서 혼자 있을 때면 눈물이 나곤 했다. 돌아보니 몇 개월 동안 우울증이 있었던 것 같다. 삶이 허무하게만 느껴졌는데, 무엇이라고 뚜렷하게 말할 수도 없고 알 수 없는 배신감이 들었다. 어떤 배신감일까? 하나님께 대한 마음이었을까, 교회라고 말하는 사람들에 대한 실망일까? 막 소리치고 싶은데 딱히 말할 것도 모른 채 답답해했다.

그런데 우리 교회 아이들을 보면서 우울함이 치유되었다. 우리 아이들은 교회 오면 걸어 다니는 것보다 무엇이 좋은지 소리 내면서 막 뛰어다닌다. 그런 모습을 보면서 나도 그냥 좋고 그 자체로 위로를 받았다. 신기한 일이다. 옛날 어른들은 "사람이 보약이여~"라고 하셨는데, 내가 사람 보약을 얻고 있다. 다른 것도 하나님의 복인데, 옆에 누군가가 함께 있다는 것이 큰 복임을 새삼 깨닫게 된다.

어느 순간부터인지, 나는 "다윗은 당시에"(행 13:36, in his own

generation, NIV)라는 말이 좋았다. 다윗은 일생의 절반인 30-40년간을 전쟁터에서 보냈다. 그의 사명은 전쟁을 통해 가나안 원주민을 쫓아내고 통일왕국을 이루는 것이었다. 샬롬의 몫은 솔로몬이었다. 그러는 중에 그는 넘어지기도 하여 원치 않는 어려움까지 겪게 된다. 하지만 자기 시대를 살았다. 다른 누군가의 삶을 꿈꾸거나 다른 인생을 살고자 하지 않았다. 하나님이 주신 시대에서 자기 삶을 살고자 하였고 살아냈다. 내가 이해한 바로는 그렇다. 그런 다윗을 생각할 때, 감동을 받게 된다. "나 또한 하나님이 맡겨주신 시대에서 나의 삶을 살아내야지"라고 다짐하게 된다.

그런 삶을 살도록 울타리가 되어주신 기도의 후원자 성도들께 감사한다. 언제나 든든한 의지가 되어주신 정창균 교수님께 감사드린다. 나는 설교학을 전공했는데, 어디 가서 그 이야기를 하지 못한다. 선생님께 누가 되지는 않을까 해서 말이다. 그러나 부족함에도 여전히 교수님의 응원을 받고 있어서 좋다. 한 번은 교수님의 컨디션이 좋지 않아 찾아뵙겠다고 하니, 멀리 오지 말라고 하셔서

'설교자하우스 리더십센터'에서 만나 뵈었다.

나는 봉투 하나를 준비해서 전해 드렸는데, 교수님도 봉투 하나를 내게 건네주신다. 나의 아내가 그때쯤 수술했는데, 그 이야기를 들으시고는 준비했다며 맛있는 것 사주라고 하셨다. 이게 뭔가 싶었지만, 주시니 받지 않을 수 없었다. 집에서 와서 보니 내가 드린 것의 두 배이다. 와~사람, 부끄럽게 만드신다. 교수님은 하나님의 은혜를 떠올리게 하신다.

합신 18회 동기 목회자들(회장: 최병우 목사)께 감사한다. 이 분들은 별 볼 일 없는 동기를 응원, 지지, 격려한다. 함께 있다는 것이 얼마나 큰 힘이 되는지 모른다. 책을 펴낼 수 있도록 격려해 주신 호소 장학회 김지영 대표와 김평화 자매에게 감사 드린다. 하나님의 은혜가 아닌 것이 없음을 믿는다. 오직 하나님의 이름만 나타나시길!